JN001859

売り上げを倍増させる
顧客勘定マーケティング

〝赤字顧客〟を黒字に変える実践手法

前田徹哉
Maeda Tetsuya

日経BP

はじめに

コロナ禍の長いトンネルにおいて、経済、社会活動、医療など、今まで当たり前だと思っていたいろいろな常識が激変しています。デジタルシフト、さまざまな物理的制約からの解放が一気に進み、テレワーク、Web会議、紙・書類の大幅な削減、そして食事のデリバリーなど、「2カ月で2年分は進化した」と言われるような、待ったなしの変化が起こりました。

小売業においては、実店舗の一時休業や閉鎖、再開後も営業時間制限やイベントの縮小・中止を余儀なくされています。やがてコロナが収束に向かっても、「コロナ前」の時代にそのままの形で戻ることはないでしょう。多くの企業でEC（電子商取引）事業は伸長したものの、実店舗+ECの売り上げをコロナ前の水準に戻すことは容易ではなく、まだまだ時間がかかる企業が多いかと思います。

リアルビジネスが苦戦を強いられる中、多くの企業が、どこからどのようにデジタルシフト、およびデジタルトランスフォーメーション（DX）を進めるべきか、迷っている状況です。

実店舗を中心とするビジネスが苦戦する一方で、商品・サービスの検討や購入におけるユーザーのデジタル利用の比率は高まっています。コロナ前に比べて、デジタルに不慣れだったユーザーも活用するようになりました。こうした状況下では、「ユーザーはこのくらいなら分かるだろう」といった、デジタルのお約束事が通じないケースが出てきます。コロナ前よりも、ユーザーインターフェース（UI）／ユーザーエクスペリエンス（UX）を顧客起点で丁寧に設計する必要性が高まっています。

私自身も、LTV（Life Time Value／顧客生涯価値）追求型のB2C（対消費者向け）ビジネスがどう変わっていくのか、何が変わらないのかも含めて考えてみました。コロナがあってもなくても、B2Cビジネスにおける定石は変わらないこと、また、変革待ったなしの状況下、定石を理解して一刻も早く手を打つ必要があることを確信し、本書の執筆を急ぐことにしました。

その定石とは、顧客の客単価と客数の目標を設定したうえで、顧客の維持・育成・獲得を進める活動です。私はこのモデルを「顧客勘定Plan・Do・Check・Action（PDCA）サイクル」と呼んでいます。

ＩＴ、デジタルの進化で、「見えなかったことが見えるようになる」「できなかったことができるようになる」、そんな変化が起きていることは間違いありません。
コロナ禍という逆風にさらされながらも、変わるものと変わらないものを整理することで、皆さんの所属企業の業績回復、そしてコロナ前よりも拡大基調に持っていく支援ができればと思っています。

本書のタイトルは『売り上げを倍増させる〝顧客勘定〟マーケティング 〝赤字顧客〟を黒字に変える実践手法』です。その重要な方法論が、顧客理解に基づいたマネジメント、すなわち顧客勘定ＰＤＣＡサイクルの推進です。

顧客勘定を活用した売り上げ&利益創出の３要素は次の通り。
１．「現状の可視化&基盤整備」（顧客勘定の見える化）
２．「目標設定」（顧客勘定のあるべき姿の設定）
３．「目標達成に向けた階段設計」（あるべき姿の実現に向けたＰＤＣＡサイクル構築）

定石の根幹は顧客起点の経営にあることを皆さんにお伝えし、このコロナ禍の状況をチャンスとして捉えていただきたいと思います。「何か手を打ちたい」と思っている今こそ、社内提案や企画の立案、実行のチャンスです。早く動いたものが勝ちだと私は確信しています。デジタルシフトが急激に進んでいる今こそ、顧客起点経営に本気でかじを切る絶好のタイミングです。

ところで顧客起点経営とは何でしょう？ 顧客起点経営の根本は、顧客を理解することです。当たり前のようですが、それがビジネスにどのようなインパクトをもたらすのか、また世の中のために本当に役立つのか、きちんと語ることができる経営者、ビジネスパーソンはそう多くはいないものです。

顧客理解がお題目になってしまい、商品・サービスの売り上げだけを追求する、「売り上げが上がっていればそれでよし」としている企業も多いのではないかと思います。

顧客理解はビジネスに大きく確実なインパクトをもたらし、社会をよくすることにもつながります。

顧客を理解することは、Ｂ２Ｃビジネスのみならず、Ｂ２Ｂ（対企業向け）ビジネスでも同様に重要ですが、本書ではＢ２Ｃに主軸を置いています。Ｂ２Ｃ領域においても、自社

ECサイトのように顧客データを直接取得できる立ち位置ではなく、メーカーのように卸や小売店を介した形のためエンドユーザーのデータを入手しづらい方もいるでしょう。そうした方々にも、顧客理解がビジネスにインパクトをもたらす点についてご理解いただき、すぐに実践に取りかかっていただける内容にしました。B2Bビジネス従事者には、B2Cのクライアント企業を取り巻く環境の変化や進化について理解を深める観点でお読みいただければと思います。

コロナ禍の長いトンネルの中、いち早く皆さんの勤務先企業の業績が復活・向上することを願い、そこに貢献したいという思いが、本書の執筆のベースです。顧客起点経営を極めることをライフワークとする私の知識・経験から、顧客理解がどのように企業業績の向上につながるか、社会の役に立つかをご紹介してまいります。

2021年9月

前田　徹哉

※「ユーザー」と「顧客」

本文中において「ユーザー」「顧客」という言葉が出てきます。顧客は購入実績のある人、ユーザーは購入実績のない人も含めて、企業が提供する何らかのサービスに触れた人すべて、という意味で使っています。例えばデジタル接点上であれば、サイト来訪者はすべてユーザーです。実店舗であれば、来店した人すべてです（極端な話、トイレだけ借りた人もユーザーにカウントします）。企業が提供するすべてのタッチポイントが体験につながるものなので、購入実績のない人も含めてユーザーという言葉を文中で使っています。

※ビービットに関する記述について

文中に出てくるビービットに関する記述は、2019年4月から2021年3月まで著者が同社に在籍したという経験を通じた、著者個人の見解となります。

目次

Contents

第4章 検討行動を捉える「状況ターゲティング」

第5章 顧客ロイヤルティー向上でLTVを最大化している先進企業事例 …… 149

第1章

「顧客勘定」とは何か？

1-1

顧客勘定とは？

商品勘定と顧客勘定の違い

売上高には、商品から積み上げる観点と、顧客から積み上げる観点があります。商品から積み上げる考え方を、私は「商品勘定」と呼んでいます。商品勘定とは、棚卸し資産を現金化することによってもたらされる売上高。つまり、「いくらの何がいくつ売れたか」です。小売業であれば、ほぼどこでもやっているでしょう。

一方、顧客から積み上げる考え方。これを私は「顧客勘定」と呼んでいます。顧客勘定とは、「何人の顧客から、個別にいくらずつ、売り上げを上げたか」という考え方です。顧客が現金と引き換えに商品の所有権を獲得することによってもたらされる売上高ということになります。商品勘定は「いくらの何がどれだけ売れたか」、顧客勘定は「どの顧客がいくらの何をどれだけ買ったのか」。商品勘定も顧客勘定も売上高と一致します（**図1**）。

【図1】「顧客勘定」と「商品勘定」

売上高は商品勘定とイコール。商品勘定は顧客勘定とイコール。
売上高＝商品勘定＝顧客勘定であり、
この3つの指標は完全に一致する

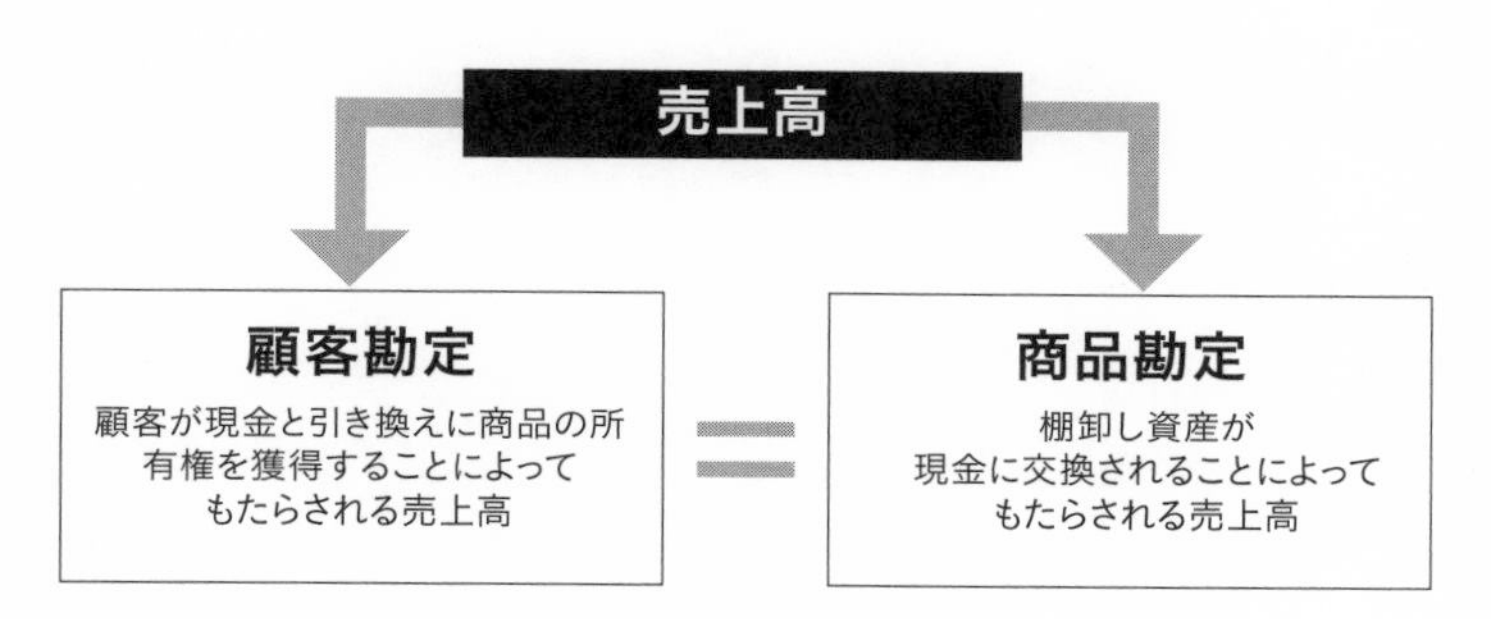

顧客勘定PDCAサイクルとは

企業が売り上げ&利益を追求する組織である以上、目標となる数値に確実かつ迅速に到達したいものです。社会から必要とされる価値を市場にきちんと提供することで、持続性のある事業を行っていくことが望まれます。持続性のある事業を行っていくためには、社会から存在を認められることが必要です。

そのための基盤が「顧客起点経営」になります。顧客起点で物事を考え、実行することが、存続を許され、結果として大きな売り上げ&利益を上げることにつながります。

売り上げ&利益を向上させるためには、本

当の意味で顧客起点の経営にかじを切る必要があります。「ユーザーや顧客にどのようになってほしいのか」「企業がどんな顧客からどのくらいの経済的価値を対価として受け取るのか」というゴールを設定し、ここに向かって戦略、戦術を立てて実行していくための方法論。それが「顧客勘定ＰＤＣＡサイクル」です。

顧客視点と顧客起点

いま、顧客起点という言葉を使いました。日ごろビジネス書などで目にするのは顧客視点が多いかもしれません。双方ともに顧客を理解する意味で使われる言葉ですが、本書では企業側から顧客を見る観点を「顧客視点」、顧客になりきって顧客の気持ちを考える観点を「顧客起点」と呼んでいます（**図2**）。

ＩＴ、デジタル技術で見えなかったことが見えるように、分からなかったことが分かるようになり、１００％は無理にしても顧客の立場になりきって考えることが可能になってきました。企業を起点とした「Inside Out」でなく、顧客を起点とした「Outside In」で捉える顧客起点こそが重要です。

【図2】「顧客視点」より「顧客起点」

「顧客はどういうニーズを持っているか、どう伝えるか」ではなく
「顧客から見て自分たちはどう見えているのか」を捉える

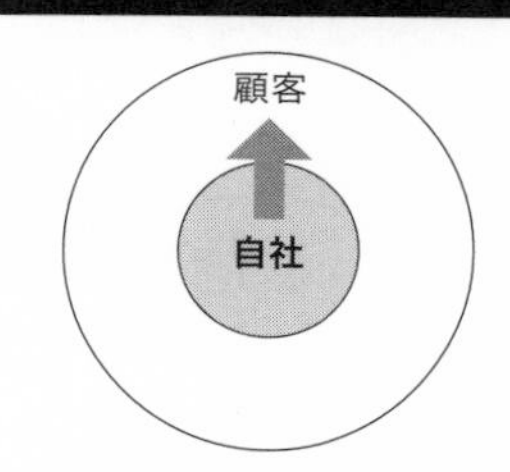

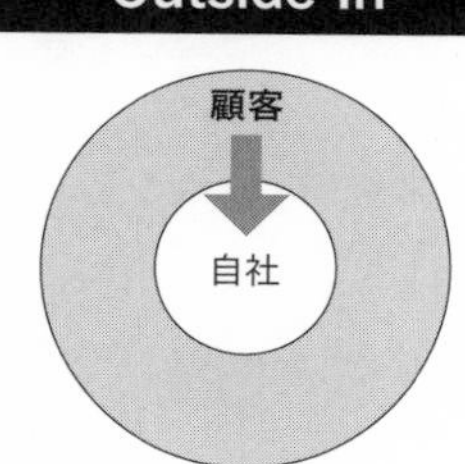

出所：ビービット 2019年営業資料より

ゴールイメージとして客数と客単価を設定

皆さんの企業においては、短期、中期、長期といったレベルで売り上げ目標、利益目標があるかと思います。ただ売り上げ目標、利益目標を眺めているだけでは、達成に向けた手も浮かびません。

顧客勘定ＰＤＣＡサイクルでは、まずこの数値目標を「客数」と「客単価」で設定します。例えば１００億円の売り上げ目標を立てたら、これを客数１００万人と客単価１万円というように分解するのです。「年間で１万円買ってくれる顧客が１００万人いれば１００億円になる」といった具合に、まずは単純化

【図3】マーケティングミックス「4P」と「4C」

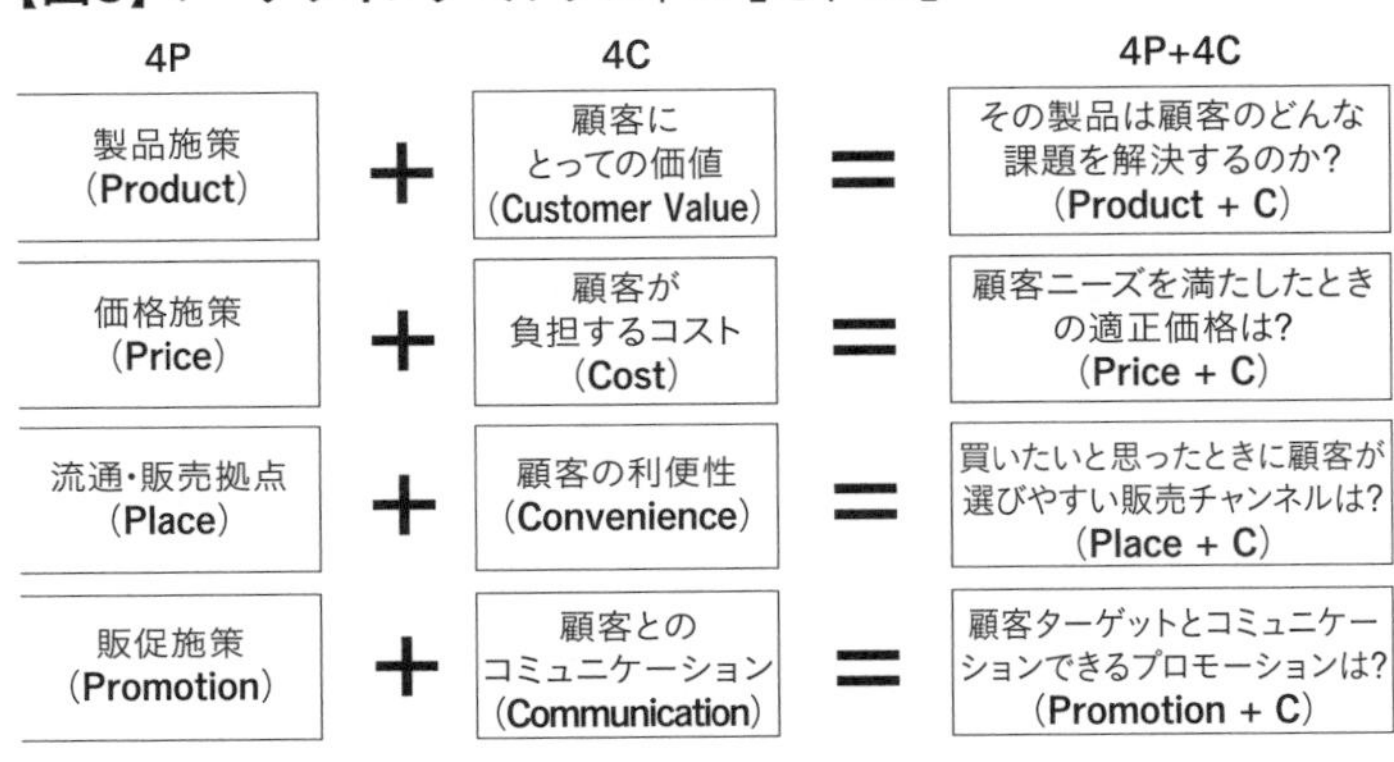

出所：『デジタル時代の基礎知識「マーケティング」』逸見光次郎（翔泳社刊）p77

してゴールを設定します。

売り上げや利益は、商品A群は売上高◎億円、B群は同△億円という具合に商品・サービス単位で分解することができます。それをなぜ顧客で分解する必要があるのでしょう。

答えは明確です。商品・サービスはマーケティングミックス（**図3**）の一部でしかありませんが、すべてのマーケティングミックスは顧客に向けて設計されるべきものです。ですので、売り上げ&利益を顧客で分解することで、それを達成するためのマーケティングミックス、あるいは他のマネジメント手法やオペレーションなどを抜け漏れなく設計できるからです。年間で1万円買ってくれる顧客を100万人つくるには、どういう商品・

サービス、価格、販促、ＵＩ、ビジネスモデル、組織体制、業務プロセス、ＩＴ、プラットフォーム、文化・風土が必要なのか、多様な打ち手を考えられるようになります。

仮説を立てて「5W3H」に落とす

プロジェクトが成功する要因は、ゴールの明確化と、ゴールのメンバー周知・共有です。顧客勘定ＰＤＣＡサイクルを推進し、売り上げ＆利益を向上させていくうえでも、このことは非常に重要です。

まず始めに、「売上高をいくら達成するためには、１客単価いくらの顧客が何人必要か」を決めましょう。その目標に向けて、「どんな顧客を何人維持するか」「どんな顧客に何人育成するか」「どんな顧客を何人獲得するか」……客数と客単価で明確に示してみてください。これが非常に大事な初期段階での羅針盤になります。

ゴールから逆引きしての計画立案、実行を進めましょう。計画は英語でＰｌａｎですが、Ｐｌａｎは計画プラス仮説と考えるのがよいと思っています。目標として設定した「客数」「客単価」を実現するには、どんなことを実行すればよいのか。何かしらの仮説に基づいた計画案を立てていくのがよいでしょう。計画とはある種、思いつきも入りますが、仮説は何らかの論拠をもって構築するものです。「こういう考えがあるのでこのような計画を立案した」という形で進めると、後々の振り返りもしやすくなります。立てた仮説を計画として具体化するうえでは、「5W3H」に落としていきましょう。When（いつ）、Where（どこで）、Who（誰が）、Why（なぜ）、What（何を）、How（どのように）、How many（どのくらい）、How much（いくら）のことです。ぜひやってみましょう。

現状、現実を直視する

ゴールとしての客数、客単価が設計できたら、今度は現実を直視します。ゴールと現実のギャップを理解して、そのギャップに階段をかけていきましょう。

それでは現実の検証に入ります。ところで、御社の売上高は見えていますか？　多くの人が「分かっているに決まっている！」と答えるでしょう。本当にそうでしょうか？

小売業を例とします。仮に1本100円の緑茶ペットボトルが前年10本売れたとします。売上高は100円×10本で1000円です。そして今年、同じ商品が12本売れたとします。

前年比120％。何だかよさそうに見えます。では少し見方を変えてみましょう。

小売業の売上高は、客数×単価で構成されます。POS（販売時点情報管理）の入っているお店であれば、この緑茶が単品で買われているのか、まとめ買いされているのか、調べればすぐに分かります。「前年は3本買った人が1人、2本買った人が2人、1本買った人が3人だった。それが本年は…」といったことは分かるでしょう。

もう少し踏み込んでみます。昨年、今年と「誰が買っていたか分かりますか」という質問です。零細の個人商店ならともかく、一定の規模の店になれば顧客全員を覚えることはまず不可能です。売上高が見えているという状態にもいろいろあることが分かるでしょうか？「誰がいつどれだけ買ったのか」という視点も、売り上げを把握するうえで非常に重要です。

これが、顧客勘定PDCAサイクル3要素の1番目、「現状の可視化&基盤整備」（見える化）に該当します。

ちなみに見える化は、事実に基づいて行うことがベストですが、データがなく事実を把握できない場合は仮説立案でも構いません。言語化することが重要です。事実に基づいた現状の可視化が困難な場合は、なるべく早めにこれができるよう、基盤を整備することが望ましいです。

顧客の分類手法「RFM」

次に、顧客をどのように見るかについて、話を進めます。顧客の分類にはさまざまな手法がありますが、古典的かつ基本的な分け方は、「RFM分類」と呼ばれる手法です。顧客を「直近購入日（Recency）」「購入頻度（Frequency）」「累計購入金額（Monetary）」という3つの観点から分類したものです（**図4**）。

直近購入日は、読んで字のごとく「直近、購入した日はいつか?」という指標です。この値が高いほど、その顧客がホットであると判断されます。

購入頻度は、「一定期間（1年間）に何回購入したか?」という指標です。この値が高いほど、お店に対する貢献度が高いと判断されます。

累計購入金額は、「一定期間（1年間）にいくら買ってくれたか?」という指標です。購入金額の多い上位顧客を判断するうえで、業種・業態を問わず重要な指標として設定しているところが多いと思います。

【図4】RFMとは?

直近購入日（Recency）	直近、購入した日はいつか？
購入頻度（Frequency）	一定期間（1年間）に何回購入したか？
累計購入金額（Monetary）	一定期間（1年間）にいくら買ってくれたか？

このＲＦＭは、それぞれの指標で上位から下位に向けて３分割、または５分割し、それぞれの３乗（27分類、１２５分類）に顧客を分類して管理するのが一般的です。

あるいはＲＦＭの１つ、例えば累計購入金額にだけ着目して分類する方法もあります。古典的ですが「デシル分析」は今でもかなり有効です。ある店舗の顧客が１００人いると仮定しましょう。その際、買い上げ金額１位から１００位までずらーっと並べてみます。さらに顧客を１位から10位、11位から20位という具合に10人単位でひとくくりにすると10分割の塊ができます。ちなみにデシルとは「十分位数」という意味です。小学校のときに習った「デシリットルのデシ」と同義語です。

10分割の塊ができたら、それぞれの層の購入金額と、

【図5】デシル分析の表のイメージ

	顧客数	購入金額合計	購入金額比率	累計購入金額比率	1客単価
デシル1	200人	160万円	40%	40%	8000円
デシル2	200人	100万円	25%	65%	5000円
デシル3	200人	60万円	15%	80%	3000円
デシル4	200人	22万円	5.5%	85.5%	1100円
デシル5	200人	18万円	4.5%	90%	900円
デシル6	200人	16万円	4%	94%	800円
デシル7	200人	12万円	3%	97%	600円
デシル8	200人	8万円	2%	99%	400円
デシル9	200人	3万6000円	0.9%	99.9%	180円
デシル10	200人	4000円	0.1%	100%	20円
合計	2000人	400万円	100%		

上位層から下位層への累計購入金額比率を見てみます。これによって「上位何割の顧客でどれくらいの売上高が構成されているか」が見えるようになります。「80：20の法則」、いわゆる「パレートの法則」と呼びますが、「2割の顧客で全体の売り上げの8割を占めている」「3割の顧客で全体の売り上げの7割を占めている」といった実態が把握できます。顧客の購入金額が均等なお店はまずありません。どういう顧客が上位層なのかを知る意味でも、デシル分析は非常に有効な手法です。ちなみに**図5**は、上位3割で売り上げの8割を占めていることを示す図です。

個々の顧客が購入金額のどのランクにいるのか。私はそのランクを「ステータス」と呼んでいます。

顧客は「移動」する

例えば、柔道三段の人がいたとしましょう。その人が20代で三段をとり、その後柔道を離れて30代、40代、それ以上に年齢を重ねたとしても、よほどのことがない限りは三段という段位を剥奪（はくだつ）されることはありません。自動車の運転免許も同様です（高齢ゆえの自主返納はあります）。

では顧客はどうでしょう。たくさん買ってくれるステータスの高い顧客は、未来永劫（えいごう）そのままの段にとどまってくれるでしょうか？

顧客のステータスは変化する可能性があります。それもかなり高い確率で大きく変化します。仮に1人当たり購入金額の上位30％の顧客をAランク、中位の顧客をBランク、それ以外の少額購入の顧客をCランクと定義したとしましょう。前年度Aランクだった顧客すべてが本年度もAランクでいてくれればよいのですが、Bランク、Cランクに下がることがあります。あるいは「購入実績なし」ということも十分起こりえます。

【図6】顧客移動の5本線

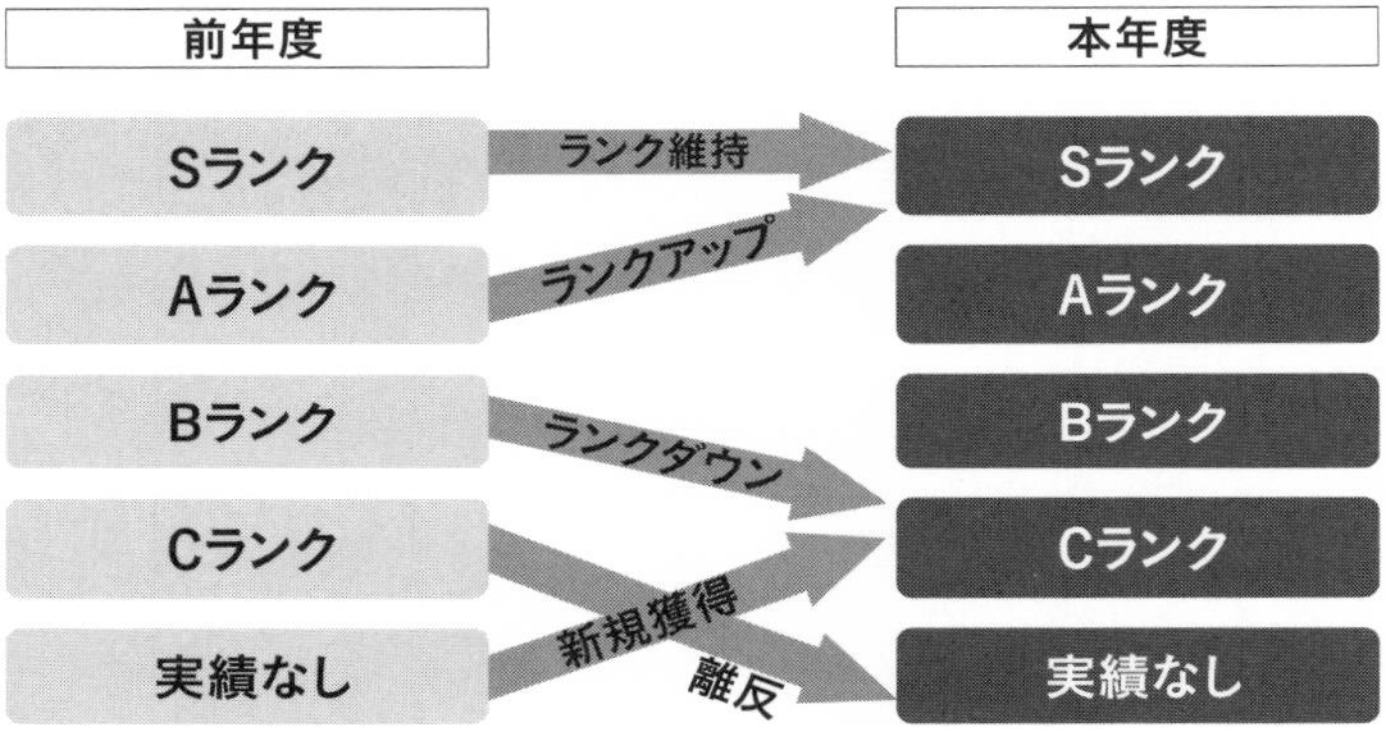

反対に、前年Bランク、あるいはCランクでも、本年はAランクになる場合もあります。もちろん、前年購入実績のないユーザーが新規顧客になってくれることもあります。このように顧客のステータスは「移動」するのです。

ランクが同じであれば「維持」、ランクが上がれば「ランクアップ」、ランクが下がれば「ランクダウン」、購入実績がゼロになれば「離反」、前年度実績なしで本年度実績があれば「新規」という具合に、ステータスは移動していきます（**図6**）。

この移動のベクトルをどのように改善していくか、つまりは「維持・育成・獲得」をどう図っていくかがマーケティングの「肝」になります。

商品勘定の3要素：売上高、原価、粗利益

顧客勘定と対極をなす商品勘定についても説明しておきましょう。商品勘定とは、前述の通り「いくらのどんな商品がいくつ売れたのか」という観点で売り上げを捉えます。さらに掘り下げると、「売上高」から「原価」を差し引いた「粗利益」の3要素に分解できます。

小売業にとって粗利益は極めて重要です。「仕入れたものを売る」が小売業の基本です。仕入金額と売上金額の差異である粗利益から、各種変動費、固定費を引いて営業利益を算出します。粗利益がいくら手元に残るか。これによって収益力が左右されるといっても過言ではありません。

売上高のインパクトと、粗利益のインパクトを比較してみましょう。１００万円の売上高で25％の粗利益の店があるとします。前年１００万円の売上高が今年１２０万円に、つまり前年比１２０％の場合、利益はいくら増えるでしょう？（１２０万円－１００万円）×25％＝５万円、利益が増えます。では１００万円の売上高で粗利益25万円のお店が、売上高が上がらずとも５万円利益を増やすにはどうすればよいでしょう？　粗利益率を25％

から30％に上げればよいわけです。そうすれば5万円プラスになります。

この場合、売上高を20％プラスにすることと、粗利益を5％伸ばすことの利益インパクトは同一です。粗利益のプラスがいかに重要か、理解できると思います。

適正在庫を考える

在庫についても見ておきましょう。在庫は多すぎればキャッシュフローの観点でマイナスですが、少なすぎれば売り上げ機会の損失というマイナスを生み出します。適正在庫のあり方は小売業を経営するうえで、まさに勝負どころです。在庫を適切に保有しているか、在庫を効果的・効率的に運用しているか、という観点から「商品回転率」「在庫日数」「交差比率」といった指標が重要視されます（**図7**）。

特に、粗利益率×商品回転率で求められる交差比率は、重要な指標です。高粗利益率と、高商品回転率はなかなか両立しないと言われていますが、運営する店舗が高い粗利益率を強みとするのか、あるいは高い商品回転率を強みとするのか、決めておいた方がよいでしょう。例えば、高い粗利益率を誇っているのが高級ステーキ店だとすれば、高い商品回

【図7】商品回転率、在庫日数、交差比率

商品回転率	「一定期間内（1年とする場合が多い）に商品がどれくらい売れたか」を示す指標。売上高（売上原価）を平均在庫高（平均在庫金額）で割った値
在庫日数	「在庫として保有している商品の総数が何日分の売り上げに相当するか」を示す。在庫高（売価）を1日の平均売上高で割って求める
交差比率	ある商品が「もうけにつながっているのか」を把握するための指標。粗利益率（%）×商品回転率（回）で算出

転率を誇っているのが牛丼チェーンになるかもしれません。肉中心メニューの外食店であっても、業態によって強みの生かし方が異なってきます。

商品勘定だけで売上高を見ることの盲点

緑茶の話に戻ります。１００円の緑茶が前年度10本売れて本年度は12本、売上高が１０００円から１２００円に増加（前年比１２０％）したことを喜ぶのが、商品勘定の観点です（もちろん、前年割れを悲しむケースも多々あります）。

顧客勘定で見た場合はどうでしょう。こんなケースを考えてみましょう。前年度は徳川さんが４本、織田さんが３本、羽柴さんが２本、明智さんが１本買

【図8】前年度と本年度の顧客別売上金額

前年度	
徳川さん	4本(400円)
織田さん	3本(300円)
羽柴さん	2本(200円)
明智さん	1本(100円)
NA	
NA	
合計	10本(1000円)

本年度	
徳川さん	2本(200円)
羽柴さん	2本(200円)
明智さん	2本(200円)
武田さん	2本(200円)
上杉さん	2本(200円)
毛利さん	2本(200円)
合計	12本(1200円)

いました。計10本です。本年度は、徳川さん、羽柴さん、明智さん、武田さん、上杉さん、毛利さんが2本ずつ買い、計12本です。この結果をどう見たらいいでしょう（**図8**）。

商品勘定で見た場合も顧客勘定で見た場合も、売上本数は前年度が10本で本年度が12本。売上高は前年度が1000円で本年度は1200円です。しかしながら、「あれっ？」と思うことはありませんか？

一人ひとり、顧客単位で前年度と本年度を比較してみます。まず羽柴さんは前年度200円→本年度200円で変わらず（ランク維持）。明智さんは前年度100円→本年度200円に、100円増加（ランクアップ）。武田さん、上杉さん、毛利さんは、前年度実績なしから本年度は200円購入しています（新規獲得）。ここからが問題なのですが、徳川さんは前年度400円買っていたのが本年度は200円と半分になっています（ランクダウン）。そして織田さんは前年度300円から本年度はゼロ。いなくなってしまいました（離反）。

徳川さんの購入金額の減少は200円、織田さんの購入金額の減少は300円です。減少額の合計は500円になります。このインパクトの大きさが理解できますでしょうか？売上高で前年比120％達成と喜んでいたわけですが、前年度の売上高1000円の半分の金額である500円は、前年度から本年度にかけて「消失」していたのです。

それでも売上高が減少しなかったのは、既存顧客の明智さんのランクアップ、羽柴さんの維持、武田さん、上杉さん、毛利さんという新規顧客が購入したからです。大きなマイナスを、それ以上に大きなプラスがカバーして、結果として前年比120％という数字になったのです。

このように売上高は、顧客の移動の結果として構築されています。商品勘定だけではこうした顧客の移動の実態が見えません。見えていないから存在していないのではなく、確実に減少や離反が存在しているのに、それが見えずに表面上の数字だけで一喜一憂するのはちょっと怖いですね。

1品単価、1回単価、1客単価

次に「単価」についてお話しします。単価は「1品単価」「1回単価」「1客単価」の3つに分類することができます（**図9**）。

1品単価は、一般的に単価と呼んでいるそのもの。先ほどの例では、緑茶1本100円が1品単価です。この緑茶を6本まとめ買いした場合、1回単価が100円×6本＝600円となります。

さらに、ある顧客が6本の同時購入を月1回、年12回購入しているとすると、この顧客の1客単価は100円×6本×12回で7200円になります。商品の単価を1品単価、一度に購入する金額の合計を1回単価、ある顧客の年間購入金額の合計を1客単価と呼びます。

【図9】1品単価、1回単価、1客単価

1品単価	商品の単価 （緑茶1本:100円）
1回単価	一度に購入される金額の合計 （緑茶6本まとめ買い:600円）
1客単価	1年間に購入される金額の合計 （緑茶6本×年12回:7200円）

平均1客単価×AUU＝売上高

あるアパレル企業の事例です。このアパレル企業は、ジャケットやパンツ、シャツ、肌着など、もろもろひっくるめての1品単価の平均が6000円前後です。また1回単価は1万円前後。1客単価は約3万円になります。このアパレル企業の顧客の平均的な購入行動は、買い物1回当たり1・7点程度の商品を購入し、年間で約3回買い物をしていることになります。

このアパレル企業の平均1客単価約3万円に、年間のアクティブ・ユニーク・ユーザー（AUU）数をかけた数字が、年間の売上高になります。企業によってAUUの定義はさまざまですが、ここでは過去1年以内に1回以上の購入実績のあった顧客をAUUと定義します。

売上高を増やすためには、1品単価、1回単価、1客単価、AUU数のいずれかを増やせばいいわけです。私の経験上、商品の大幅な見直しや業態転換などの構造変化がない場合、1品単価、1回単価、1客単価の大幅な上昇は難しいと考えているので、AUU数をいかに増やしていくかに的を絞った方がよいと思います。1客単価はそう簡単には大きく増えないという前提で、AUU数を増やすために有効な手だてが、顧客の維持・育成・獲得ということになります。

顧客の維持・育成・獲得

顧客勘定ＰＤＣＡサイクルの基本は、顧客の維持・育成・獲得です。

・**たくさん買ってくれる顧客を、そのまま維持する**
・**たくさん買ってくれる顧客に育成する**
・**たくさん買ってくれる顧客になりそうな顧客を獲得する**

この取り組みが、顧客勘定ＰＤＣＡサイクルです。

維持とはどういう状態でしょうか。私は前年度に1回以上購入があった顧客がその翌年度も1回以上購入があった場合に、広義で維持と呼んでいます。この維持には3種類あります。前年度と本年度の購入額がほぼ同等の場合が「ランクステイ」。前年度の購入金額よりも増えた場合は「ランクアップ」。下がってしまった場合は「ランクダウン」です。ランクアップは、育成の結果ということになります。

獲得は、前年度に購入実績がなかったユーザーを、本年度「購入実績あり」に変化させること。逆に前年度に購入実績があった顧客が本年度購入実績なしの場合は、離反です。

顧客勘定PDCAサイクルは、顧客の維持・育成・獲得を推進する活動ですが、結果として顧客のランクステイ、ランクダウン、ランクアップ、新規獲得、離反という5種類の動きをもたらします。これを私は「顧客移動の5本線」と呼んでいます。

純粋な新規顧客と休眠からの復活組

新規顧客とはどういう顧客でしょうか？　直近1年間のAUUには、前年もAUUだった顧客（維持できた顧客）と、前年はAUUではなかったユーザー（本年の新規顧客）がいます。最終購入日が366日以上前のユーザーは、既に離反している（＝離反顧客）とみなして、このユーザーが再度購入すれば新規顧客としてカウントします。ただこの場合は、まったくの新規ではないので、「休眠ユーザーの復活」という言い方をしています。今まで

【図10】既存顧客（AUU）、新規顧客の分類

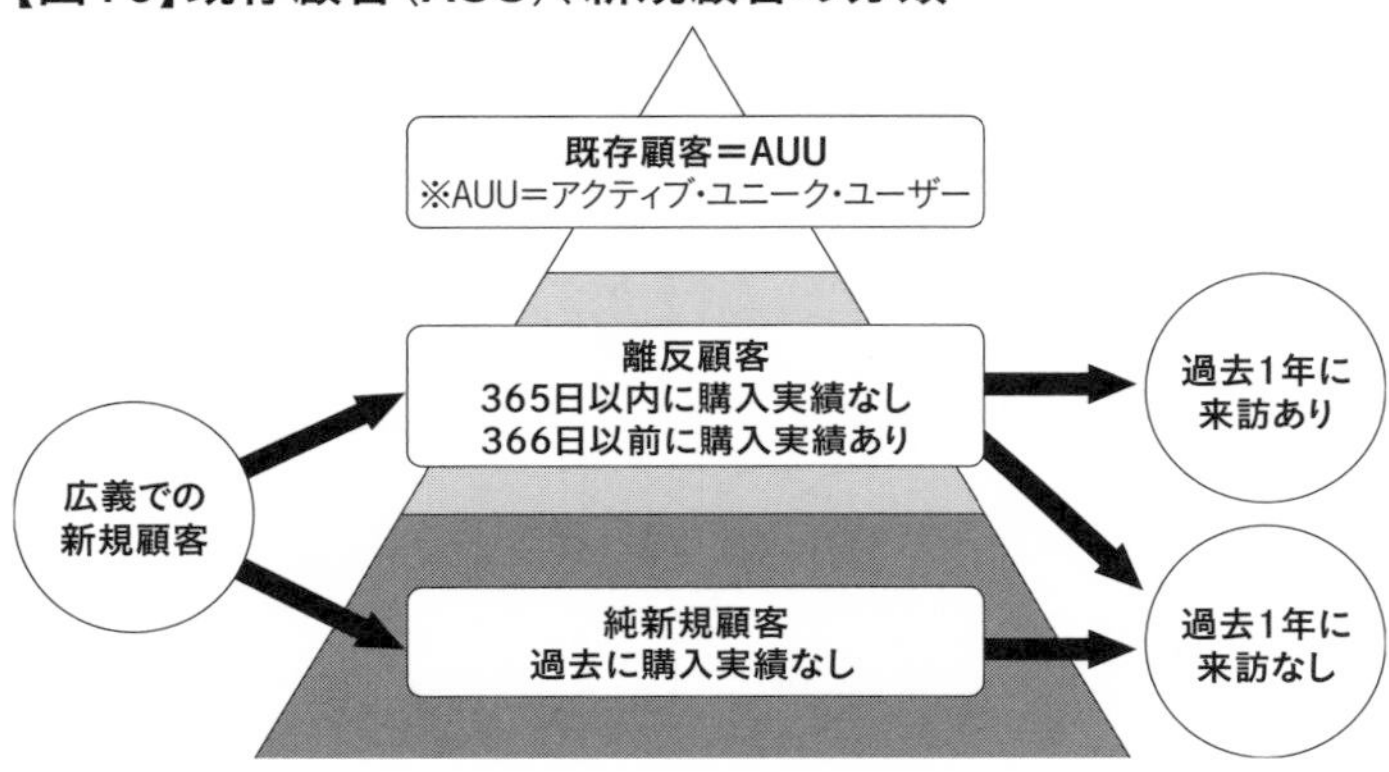

に1回も購入実績のないユーザーは「純粋な新規顧客」ということになります（**図10**）。さらに購入実績はなくても、実店舗やECサイトに来訪していた、あるいは会員登録だけは済ませていたユーザーもいるでしょう。

このように新規といっても、既に企業と何らかの接点を持っているユーザーもいるので、このあたりは購入履歴と訪問履歴を突き合わせながら見ていく方がよいと思います。また、過去に接点ゼロの新規顧客の中でも、同業他社で類似商品・サービスの購入経験がある人とない人とでは、アプローチの手法も変わります。新規顧客にもいろいろなタイプの人がいるので、掘り下げて考える必要があります。

1-2 顧客を理解する4つの観点

顧客を理解することとは、顧客勘定PDCAサイクルの原点です。顧客の理解には4つの観点があります。「基本的な属性」「経済的価値属性」「行動属性」「発信情報属性」の4つです（40ページ図11）。

顧客理解①基本的な属性

基本的な属性は、主に「デモグラフィック・プロフィール」「ジオグラフィック・プロフィール」「サイコグラフィック・プロフィール」の3つから構成されます。

デモグラフィック・プロフィールは、顧客の性別、年齢、職業、家族構成、世帯年収など、人口統計学的要因と呼ばれるものです。顧客理解においてまず外すことのできない基本中の基本と言っていいでしょう。年齢は、「年代」と「世代」の2つの観点が重要です。年代

【図11】顧客理解の4つの観点

4つの属性	詳細
基本属性	①デモグラフィック・プロフィール 顧客の性別、年齢、職業などの「人口統計学要因」 ②ジオグラフィック・プロフィール 居住地のみならず、出身地、あるいは勤務地 ③サイコグラフィック・プロフィール ライフスタイル、信念（宗教観など）、価値観などの心理学的要因
経済的価値属性	①直近購入日（Recency）　②購入頻度（Frequency）　③累計購入金額（Monetary）など LTV（ライフ・タイム・バリュー、顧客生涯価値）
行動属性	検討段階の行動 購入行動 使用という行動
発信情報属性	その顧客がどんなところで、どんな情報を発信しているか、という観点での属性

は、学生なのか、社会人10年目前後か、定年が近いのか、といったライフステージの観点です。

世代は、どの時代を何歳くらいで過ごしたのかという観点です（**図12**）。戦前・戦中を生き抜いてきた方々と、戦後生まれの団塊世代では価値観は大きく異なりますし、バブル期に学生時代を過ごした世代と、バブル崩壊後に学生時代を過ごした世代も大きな違いが出やすいです。

図12の呼称以外にも、例えばバブル後の就職氷河期に見舞われたロストジェネレーション（ロスジェネ）世代や、教育指導要綱の改訂でゆとり教育を受けたゆとり世代など、社会現象を踏まえた分類もあります。

【図12】世代の主な分け方

年	世代
1947	団塊世代
1948	
1949	
1950	
1951	
1952	ポパイJJ世代
1953	
1954	
1955	
1956	
1957	
1958	
1959	
1960	
1961	新人類世代
1962	
1963	
1964	
1965	
1966	バブル世代
1967	
1968	
1969	
1970	
1971	団塊ジュニア世代
1972	
1973	
1974	
1975	ポスト団塊ジュニア世代
1976	
1977	
1978	
1979	
1980	

年	世代	世代
1981	ポスト団塊ジュニア世代	ミレニアル世代（Y世代）
1982		
1983	さとり世代	
1984		
1985		
1986		
1987		
1988		
1989		
1990		
1991		
1992		
1993		
1994		
1995		
1996		Z世代
1997		
1998		
1999		
2000		
2001		
2002		
2003		
2004		
2005		
2006		
2007		
2008		
2009		
2010		
2011		α世代
2012		
2013		
2014		

ジオグラフィック・プロフィールは、その顧客がどこに住んでいるのかといった地理的要因属性です。居住地のみならず、出身地、出身学校の所在地、勤務地などの影響もあります。この影響度合いの大きさは業種・業態によって異なります。

サイコグラフィック・プロフィールは、ライフスタイル、価値観、宗教観などの心理学的要因を指します。購入行動やＷｅｂ上でのふるまいなどに表出することもあります。

顧客理解②経済的価値属性

基本的な属性３つを説明しました。続いて経済的価値属性ですが、こちらは先述のＲＦＭ分類とほぼ同義です。基本は「累計購入金額（Monetary）」を軸として「購入頻度（Frequency）」を補助的に活用することが多いです。累計購入金額の期間は過去1年間をベースにするケースが多いですが、ＬＴＶの観点から、過去1年に限らず、どのくらい以前から顧客でいてくれているのか、過去から今まででいくら購入してくれているのか、という観点も必要です。

「オリンピック顧客」をどう評価する？

写真／Shutterstock

顧客をある一定期間の購入金額で「プラチナ」「ゴールド」「シルバー」「ブロンズ」といった形でランク付けする取り組みを、百貨店や専門店、航空会社などが採用しています。プラチナを頂点として、上位の会員になるほどポイント還元率が増えたり、百貨店や空港のラウンジが使えたりするというように、上位ランクの顧客に、下位のランクの顧客には享受できないサービスを提供するものです。

ここで一つ考えたいのは、例えば累計購入金額を活用する際に、「過去1年だけの履歴で判断してよいのか？」「その顧客とはどのくらいの期間のお付き合いなのか？」「今後その顧客とどのようにお付き合いしていきたいのか？」など、多面的に考える必要があるということです。

ある百貨店には、「オリンピック顧客」と呼ばれる顧客がいました。「過去1年間の購入金額が100万円以上」がこの百貨店の上位顧客の定義だったのですが、ほぼ4年に1回、約1000万円の買い物をしてくれる顧客がいました。その百貨店では、このように数年に一度、非常に大きな買い物をしてくれる顧客を「オリンピック顧客」と呼んでいました。年間の売上高で業績評価を受ける百貨店の外商の担当者を悩ませていたようです。

皆さんはこのオリンピック顧客を優良顧客であると考えますか? 考えるとしたら、この百貨店の優良顧客の定義は適切なものだと思いますか? ぜひ考えてみてください。

顧客理解③行動属性

次は「行動属性」です。行動属性には大きく分けて「検討段階の行動」と「購入行動」および「使用という行動」があります。

購入行動は、「どんな商品を、いつ、いくらで、どんなインセンティブを併用して購入したのか」という情報です。どんな商品という点で顧客の基本的な趣味・嗜好(しこう)を

購入時期からも顧客の嗜好が見えてくる(写真/Shutterstock)

把握できます。購入時期からも顧客の嗜好が分かります。

ファッション小売りの場合、春夏ものと秋冬ものに大きく分かれ、それぞれに販売開始期の「In」、シーズン中の「On」、最終セール期の「Out」という流れがあります。

春夏ものの場合、Inは2月あたり。まだ寒いですが、先行して春夏ものを購入する顧客がいます。この顧客は、欲しいアイテムを売り切れる前に買っておきたいという嗜好性があると言えます。そのファッションブランドの根強いファンである可能性が大です。

春夏もののOnは3~6月あたり。衣替え期に実需として服を買いに来る人です。そしてOutは、夏真っ盛りの7~8月。小売業としては商品を売り切る最後のチャンスで、このタイミングでOFFセールを仕掛けます。このタイミングを見計らって買い物に来る顧客も多くいます。

こんな具合に、購入行動では買い物に来る時期も顧客を理解するうえで大切です。

購入のインセンティブからも顧客理解ができます。インセンティブには、価格要因と非価格要因があります。価格要因は値下げやクーポン、ポイントなど。非価格要因は、購入に伴う特典やイベントへのご招待などが挙げられます。

価格要因でも、値下げに敏感なのか、クーポンに敏感なのか、ポイントに反応するのか、いろいろです。

「検討段階の行動」も極めて重要です。こちらについては4章の「状況ターゲティング」の部分で詳述します。どのように検討しているのか・使用しているのかについて情報を収集するには、実際に顧客にデプスインタビューを行って仮説を構築する、アンケートをとって定量的な検証を行う、SNSへの投稿やレビューなどをチェックするといったことが重要になります。

顧客理解④発信情報属性

最後の「発信情報属性」は、その顧客がどのような情報を発信するのかという観点です。「いい顧客とは？」という質問を、大昔、私が某百貨店の新入社員であったときにある人にぶつけたことがあるのですが、「たくさん買ってくれる人」「たくさん買ってくれる人を連れてきてくれる人」「企業に有益な情報をもたらせてくれる人」という回答を聞いた記憶があります。「たくさん買ってくれる人をつれてきてくれる人」「企業に有益な情報をもたらせてくれる人」の2点は、確かにその通りで、ネット社会になってさらに重要になってきています。

皆さんの企業や店舗に対する問い合わせやご意見、あるいは苦情も含めた、VOC（Voice Of Customer）は重要な発信情報です。各種SNSで発信される情報もここに含まれます。発信される情報には、企業にとってありがたい情報もあれば、耳が痛い情報もあります。

1-3 顧客をクラスター分析する

データマイニングツールで解析

顧客理解の次は、顧客の識別についてです。先述の顧客の経済的価値属性とは別に、「顧客がどのような行動をとっているのか」「顧客がどのような嗜好性を持っているのか」という観点から、「顧客がどんな商品を買っているのか」「どんなタイミングで買っているのか」などさまざまな観点を因子化し、データマイニングツールでデータを解析して、クラスター分析で顧客を区分する方法があります。

クラスター分析とは、異なるものが混ざり合っている集団の中から互いに似たものを集めて集落（クラスター）をつくり、対象を分類するという分析手法です（**図13**）。

コロナ禍の現在、クラスターという言葉が頻繁に使われていますが、この場合のクラスターは「小規模な集団感染や、それによってできた感染者の集団」を指します。集団とい

【図13】クラスター分析のイメージ

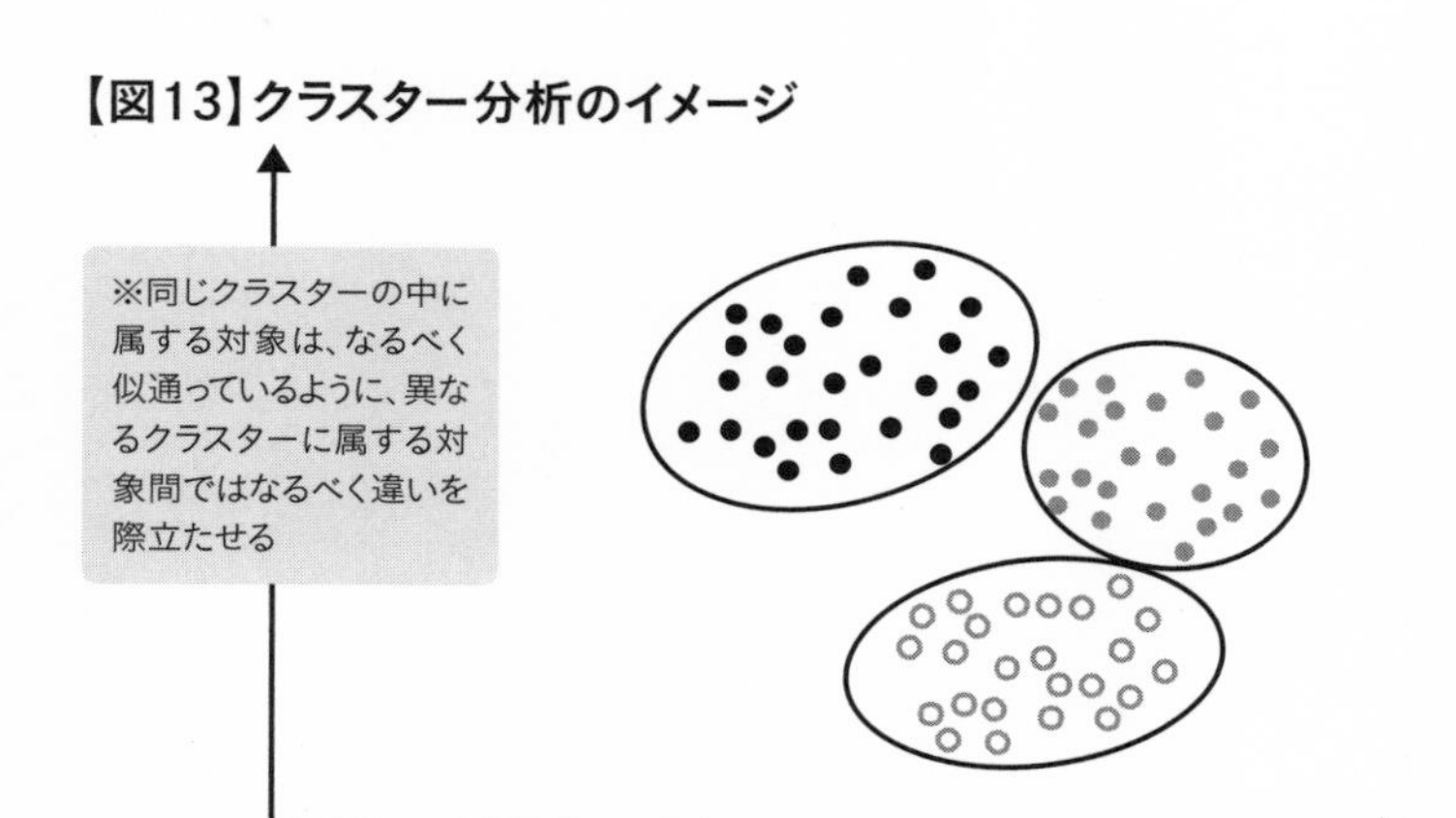

う意味では一緒ですが、ここでは感染の意味では使っていません。

分析の対象は人間に限らず、企業や商品、地域、時には質問項目を分類する場合もあります。クラスター分析を用いると、標準化された手続きに従って対象の分類ができるため、マーケティングリサーチにおいてはポジショニング確認を目的としたブランドの分類や、イメージワードの分類などに使われることもあります。

階層クラスター分析と非階層クラスター分析

クラスター分析は、大きく分けると「階層

クラスター分析」「非階層クラスター分析」の2種類の方法があります。

非階層クラスター分析とは、似たようなパターンのデータを持った対象が、同じグループ（クラスター）に属するように自動でグルーピングを行うアルゴリズムです。同じクラスターの中に属する対象はなるべく似通っているように、異なるクラスターに属する対象間ではなるべく違いを際立たせるのが、非階層クラスター分析の特徴です。階層クラスター分析とは違い、大量の対象の分類に用いても結果が安定していることが特長で、サンプル数の多いリサーチを行った際のセグメンテーションに適しています。

階層クラスター分析は、限られたサンプルから「どれとどれが似ているか」を探ることになります。

非階層クラスター分析の難点としては、「分析者があらかじめ、いくつのクラスターに分類したいか」を入力しなければならない点があります。その制約下では「5個から10個くらいのパターン」で分析することがおススメです。

データマイニングの基本は、仮説なく分析を実施することと言われてきました。通常、仮説を持って実行・評価・修正することをPDCAといいますが、データマイニングについては、思い込み（仮説）をいったん捨てて、アウトプットを見てみるのが基本的な使い方

【図14】9つのセグメント×4つのステータス

某専門店ECでは、購入行動に基づいた「9つのセグメント」と、購入金額に基づいた「4つのステータス」を組み合わせて、顧客への情報提供を実施していた

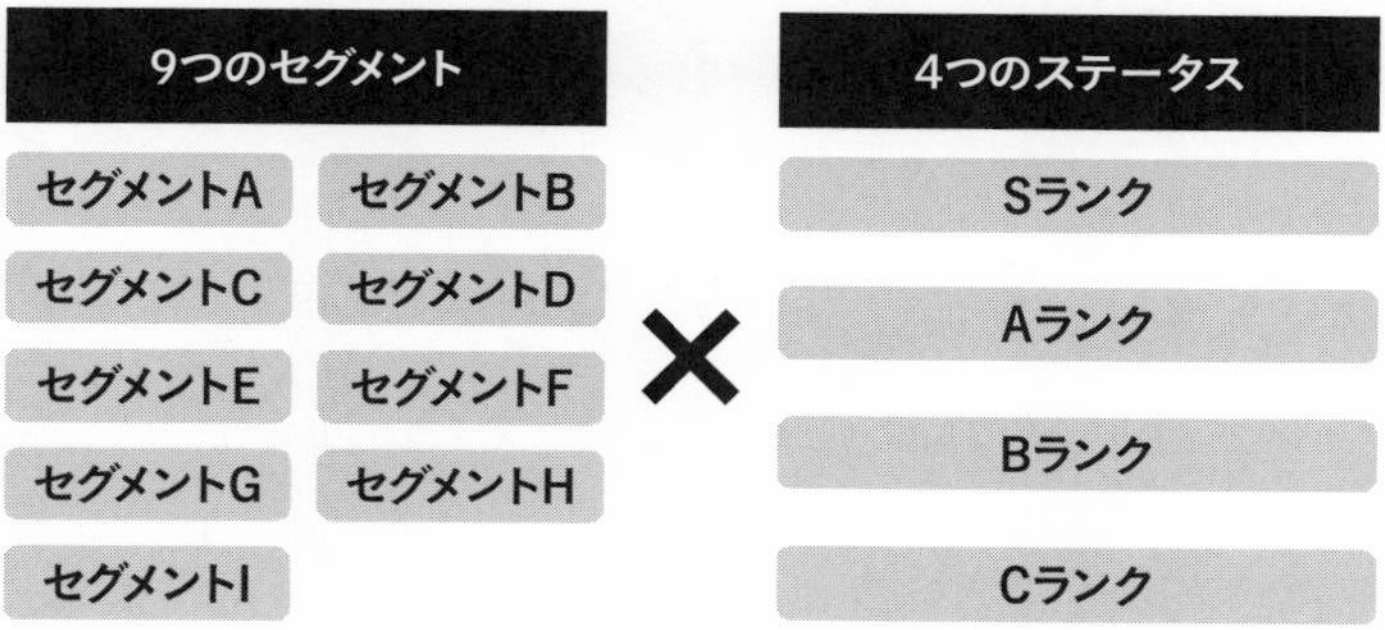

9つのセグメント			4つのステータス
セグメントA	セグメントB	×	Sランク
セグメントC	セグメントD		Aランク
セグメントE	セグメントF		Bランク
セグメントG	セグメントH		Cランク
セグメントI			

です。

クラスター分析の結果、いくつかの塊ができます。関係性が強い因子は近くに、関係性の乏しい因子は遠くにアウトプットされるため、その因子の集合体が何なのかを読み取ることが次のタスクとなります。

クラスターとセグメント

「仮説なし」が前提ですので、「なぜその塊が出来上がっているのか」を解釈することになります。これに際しては、数学的なアルゴリズムで導き出されたクラスターを、文学的な勘でセグメント化するアプローチが適していると思います。クラスター分析の結果では2

つだったけれど、業務的判断として1つにする、あるいは1つを2つにする、という手心を加えます。

「データマイニングを実施した意味がないのではないか?」という声も上がりそうですが、科学的な積み上げの結果、最後のひとひねりを人間が行うことで、結果として実務的に活用しやすい仕上がりになると考えています。

クラスターとセグメントという言葉も使い分けましょう。前者は、数学的に導き出された分類、つまりクラスター分析の結果の分類です。後者は、人間が最終的に運用面を考え、ある種「えいやっ」と決めた分類です。双方を「別物」として捉えると運用しやすくなります。

例えば、クラスター分析では10個のクラスターをつくるとともに、文学的に9個のセグメントを構成する、といった形で運用するイメージです(**図14**)。

顧客の分類の仕方にはいろいろな手法がありますが、適切なアプローチを効果的、効率的に推進するために顧客を分類することを「識別」と呼んでいます。

顧客勘定とCRM

私が、類似の概念であるCRM（カスタマー・リレーションシップ・マネジメント、顧客関係管理）ではなく、あえて「顧客勘定」という言葉を使う理由についてお伝えします。

高度経済成長を背景としたマスマーケティングの時代には、既存顧客の維持よりも、「市場を拡大する」「市場内でのシェアを拡大する」ことに軸足が置かれ、新規顧客をいかに獲得するかに企業の関心は寄せられていました。その後、高度成長の終焉（しゅうえん）をもって「既存顧客の維持、育成」に企業の関心が向けられるようになりました。

CRMという概念の始まりがどこにあったのか。諸説ありますが、私は1995年にドン・ペパーズとマーサ・ロジャーズが著した『One to Oneマーケティング顧客リレーションシップ戦略』（ダイヤモンド社）がCRMの起源ではないかと考えています。

マスマーケティングから、その縮小形としてのセグメントマーケティングの時代を経て、One to Oneマーケティングという、現在も色あせることのない定石のマーケティング概念が発明されました。その3年後の98年には、ブライアン・P.ウルフが著した『個客識別マーケティング』（ダイヤモンド社）が刊行され、特に小売業でCRMを推進するうえでの実践的な理論構築に発展していきました。

CRMの基本は、既存顧客を維持することであり、長きにわたってマーケティングの主流だった新規顧客の獲得に対するアンチテーゼの意味合いも強かったと思います。俗に言われていた「１：５の法則」は、新規顧客に販売するコストは既存顧客に販売するコストの5倍かかるという意味です。コスト面からも、既存顧客を維持する方が、新規顧客の獲得よりもおトクという論調も当時多く語られました。

顧客勘定に基づいた顧客のステータス管理の基本的な考え方は、「全売上高を全顧客に分解する」というものです。例えば、本年の目標売上高が１００億円とすると、維持できた顧客から例えば80億円、新規の顧客から20億円……という考え方になります。もちろん前年購入実績のあった顧客全員が本年も購入してくれることが理想ですが、現実問題として１００％の顧客維持はほぼ不可能です。

そこでどのくらいの顧客を維持するか（離反を防止するか）、あるいはただ単に維持するだけでなく、購入金額を上げていくか（育成するか）を考えていくわけですが、それに加えて、「いい顧客になる可能性の高いユーザーをどうやって新規に獲得するか」も併せて考えることも重要です。

ＣＲＭが新規顧客獲得に対するアンチテーゼであるならば、私はＣＲＭに新規顧客の獲得も含めて、顧客戦略を立案、実行することが重要だと考えています。つまり、ＣＲＭと新規顧客獲得の〝いいとこどり〟をしようというのが「顧客勘定」というわけです。

第2章

実践！
顧客勘定マーケティング

2-1

現状を可視化して具体的な目標に落とし込む

私が参画した某専門店ECは、在籍約8年間で売上高、営業利益ともに数倍の伸びを実現しました。2章では、そのECにおいて実際にどうやって売り上げ&利益を向上させたのかについて説明します。

某専門店ECでの挑戦

「これってその商品ジャンル限定のECの事例だよね。であればうちとは関係ないね」などと捉えないでください。世の中には完全一致したビジネスなど2つと存在しません。相違点ばかりを見るのではなく、皆さんが進められているビジネスとの共通点をぜひ見いだしてください。その共通点こそが、顧客勘定PDCAサイクルの定石です。

私が2011年に某専門店ECに参画したときのテーマは、当時の売上高を数年で数倍に成長させることでした。このときにまず私が考えたのが、「現状の可視化」「皆でイメージできる、共有しやすい目標設定」「目標達成に向けた階段設計」でした。1990年代後半から構想し、コンサルティング会社でクライアントに提案してきた顧客勘定PDCAサイクルを自らが推進することで、売り上げ&利益を飛躍的に拡大できるのではないかと考えました。また、可視化や共有しやすい目標の部分では、物事を多角的に見ることを意識しました。

小売業の売上高は客数×単価で出来上がっているので、このどちらか、あるいは両方を上げることができれば売り上げは伸びます。客数×単価を次のように整理してみました。

まず1品単価は、もろもろの商品ジャンルがあるため当初よく分かりませんでしたが、「1回当たり2点くらい買うのでは」と仮説を立て、設定してみました。次に、年間で1人当たりどのくらい購入するかを考えてみました。1点しか買わない顧客から、10点、20点と買うヘビーな顧客までさまざまです。春夏秋冬で1回ずつ、年間4回買うと仮説を立て、1品単価×買い上げ点数×年間平均購入頻度から1客単価を算出してみました。

この数式に基づいて、年間売上高を1客単価で割ると、年間で1回以上購入する顧客の数、すなわちAUUを算出できます。売り上げを伸ばすには、AUUと1客単価のどちらが増やしやすいかを考える必要があります。もちろん両方増やせればそれに越したことはないのですが、取扱商材の性質から、難易度には差が出るものです。私が参画した専門店ECが扱う商品は嗜好性、趣味性が高く、「欲しいものは欲しいけれど、いらないものはいらない」と好みがハッキリ分かれるからです。嗜好性や趣味性の高い商材群において1客単価を飛躍的に上げるのは、相当に難易度が高そうだというのが私の所見でした。

ではどうするか。購入客数を増やすことにフォーカスしよう。これしかない！と思いました。目標の売上高を想定する1客単価で割ってみると、想定されるAUU数が算出できます。このAUU数を最終の解として、現在のAUUをどれだけ維持・育成・獲得すればよいのか。この数式をつくってみれば、目標売上高への道筋が見えてくると考えました。これが、私がECの場で実際に顧客勘定PDCAサイクルを推進した原点です。

仮説は合っていたのかの検証

こうして立てた数字の仮説は、果たして的を射たもの、あるいはとんちんかんだったのか。確認したところ、結論としてはほぼ正解でした。

平均1品単価、1回当たり平均購入点数、平均1回単価はほぼ想定通り。1客単価については、ローデータを拾って調べてみました。1年間に購入実績のある顧客の平均1客単価、同購入頻度もほぼ想定通りでした。

私は表をつくって、一緒にECの売り上げ&利益を上げていくメンバーに共有しました。「今△人のAUU数を○人にすれば目標売上高は達成できる」という宣言です。これは顧客勘定PDCAサイクル3要素の2番目「目標設定」(あるべき姿の設定)に該当するものです。

ただ単に「売上高を◎倍にする」とアピールするだけでは「何をどうやって?」というイメージが浮かばず、気合と根性論になってしまいます。顧客の数を○人に増やすと宣言したことで、「AUUの数を◎倍強にすればいいんだな」と、成功時のイメージを共有することができました。1客単価はそう簡単に増やせず「変化ナシ」と設定すれば、売上高◎倍とはAUU数◎倍にすることであるのは当たり前といえば当たり前なのですが、業績で言われてもピンときづらい数字を顧客数に置き換えることで、意識が変わるのです。

私は「データ」と「情報」という言葉を使い分けました。某専門店ECにはデータはありました。データがあるからこそ、1客単価がいくらかが分かったわけです。では情報とは何か？「必要なアクションにつながる知恵が情報である」と考えています。

「×円の売り上げを構築するためには△万人の年間1回以上購入する顧客（AUU）が必要」といった具合に、データから導き出したものが情報です。単にデータを保有しているだけでは不十分であり、ビジョンや目的、目標達成に向けた必要なアクションにつなげることができるようにデータを活用し、情報化していくことが重要です。

某専門店ECには、十分とまでは言い切れないものの各種データはそろっている状態でした。データがあること自体、恵まれた環境です。あとはこれを情報化して活用すればいいだけ。メンバー一同、目標売上高の達成に向けて、データの解析、加工といった情報化に動くことにしました。

2-2

離反、ランクダウンを取り戻す

顧客の維持・育成・獲得を別の言い方で表すと、維持は「離反の防止」、育成は「ランクダウンの抑制」になります。私どもが1品単価、1回単価、1客単価を把握した後、次に取り組んだのが既存顧客の流出状況の把握でした。

私が参画する前年度から当該年度にかけて、かなりの量、金額に上る顧客の離反、ランクダウンが起きていました。前年度に購入実績があったものの当該年度に購入実績がなかった離反顧客の前年度売上高合計を「A」、前年度も当該年度も購入実績はあるものの当該年度は購入金額が下がってしまったランクダウン顧客の前年度との差額を「B」とすると、AとBの合計額が、前年度売上高全体のかなりの比率に達していたのです。

商品勘定の観点だけで見ていたら、売り上げが前年比プラスであることに安心して、問題意識や危機感を共有できなかっただろうと思います。

これを顧客勘定の観点で見れば、前年度に1000円の商品を買ってくれた足利さんが、

【図15】足利さん他の移動

前年度	
足利さん	10本(1000円)
新田さん	20本(2000円)
北条さん	0本(0円)
楠木さん	10本(1000円)
合計	40本(4000円)

→

本年度		
足利さん	0本(0円)	離反
新田さん	10本(1000円)	ランクダウン
北条さん	20本(2000円)	新規獲得
楠木さん	18本(1800円)	ランクアップ
合計	48本(4800円)	※前年比120%

当該年度にいなくなり、前年度の新田さんの購入金額は2000円だったが、これが1000円に、一方で前年度に買ってくれていなかった北条さんが、当該年度に初めて2000円、前年度に1000円買ってくれていた楠木さんが1800円というように、顧客は維持、離反、ランクアップ、ランクダウン、新規獲得といったランク上の動きをしているわけです。これを顧客の移動として可視化しました（**図15**）。この観点で見れば、離反とランクダウンで前年売り上げ4000円のうち半分の2000円を逸失しているわけですから、それを半分（マイナス1000円）にできれば25%、つまり120%+25%=145%の売り上げにできていたわけです。

こうした数字を挙げることで、「まずは既存顧客の維持・育成を最優先する」とメンバーに伝えました。

顧客移動の実態を可視化することで、取るべきアクションが変わるのです。

上位30％顧客を維持、上位30％へ育成

80：20の法則とも呼ばれるパレートの法則は、某専門店ECでもバッチリ当てはまりました。なお、比較的単価が低く嗜好性が高い商品を扱っている企業では、上位30％の顧客で80％の売上高を構成することが多いようです。また、多くの小売業では上位10％顧客が全体売り上げの50％ほど、上位１％顧客が全体の売り上げの10％ほどを占めているケースが一般的です。上位少数の顧客が大半の売上高を支えているのは、業種を問わず当てはまります。上得意客からそっぽを向かれたら……考えるだけでも恐ろしくなります。

上位集中度を見る理由は、どのような顧客が会社の売上高を支えてくれているのかを可視化し、維持施策を実行するためです。上位30％の顧客がいなくなったら、売り上げの80％が消滅します。上位客を理解し、維持する施策の投入が必要です（66ページ図16）。

また、上位30％顧客の維持、下位層の顧客を上位30％相当のステータスに育成、上位30％顧客になりうる新規顧客の獲得に重点化することで、売上高の80％を構築。あとの20％分

【図16】上位30%の顧客で売り上げ80%のケース

上位30%の顧客の維持、上位30%と同じステータスへの育成、
上位30%顧客になりうる新規顧客の獲得に注力することで、売上高の80%を構築

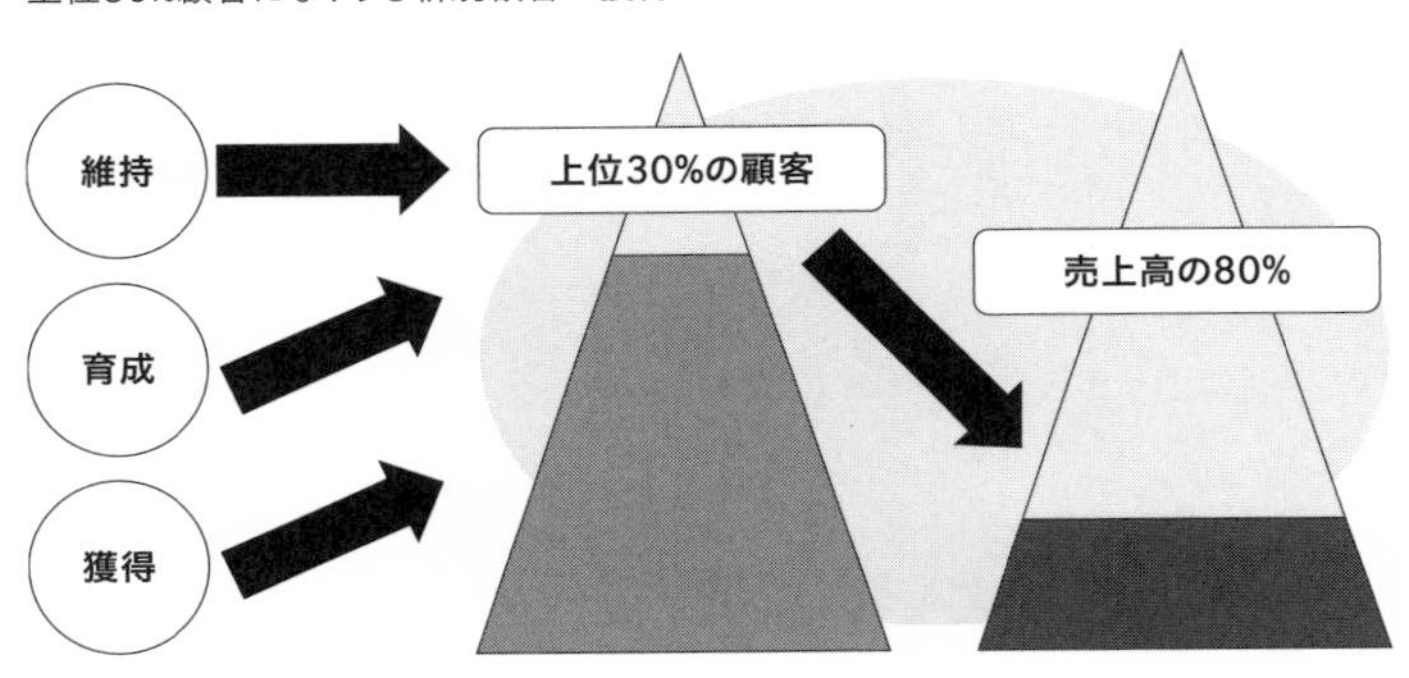

はフォロワー層から結果としてついてくると腹をくくることも必要です。

基本的には、顧客の定量的な理解を進めてから、顧客セグメントと顧客ステータスを設計し、顧客を購入行動と経済的価値の観点から識別していくのが王道です。セグメントとステータスを土台に、顧客の維持・育成・獲得を推進することが、顧客勘定マーケティングにおいて大切です。どうしても定量的理解が難しい場合は、構造化を仮説構築で進めることも可能です。可視化できないから何もしないのではなく、仮説でもいいから進める姿勢でいきましょう。この進め方については第6章で説明します。

2-3

顧客勘定ＰＤＣＡサイクルの骨子設計

顧客を9つのセグメントに区分

顧客の移動の実態や、上位集中の実態を理解してから、顧客勘定ＰＤＣＡサイクルの骨子を設計しました。以下、その手順をお伝えします。

まずＰｌａｎ（計画）です。最初に、顧客セグメント、顧客ステータスを設計し、顧客の振り分けを行います。それをベースに、既存顧客の維持目標、既存顧客の育成目標、新規顧客の獲得目標を設定しました。各セグメントやステータスに属する顧客に対して、維持・育成・獲得に向けた４Ｐ計画などを設計していきます。

顧客セグメント、顧客ステータスの設計に当たっては、顧客の経済的価値属性でステータス設計することに加えて、顧客を９つのセグメントに区分しました。顧客が使った額の観点だけでなく、趣味嗜好からタイプ分けする手法を採用しました。嗜好性に関するさまざ

【図17】クラスター分析のイメージ

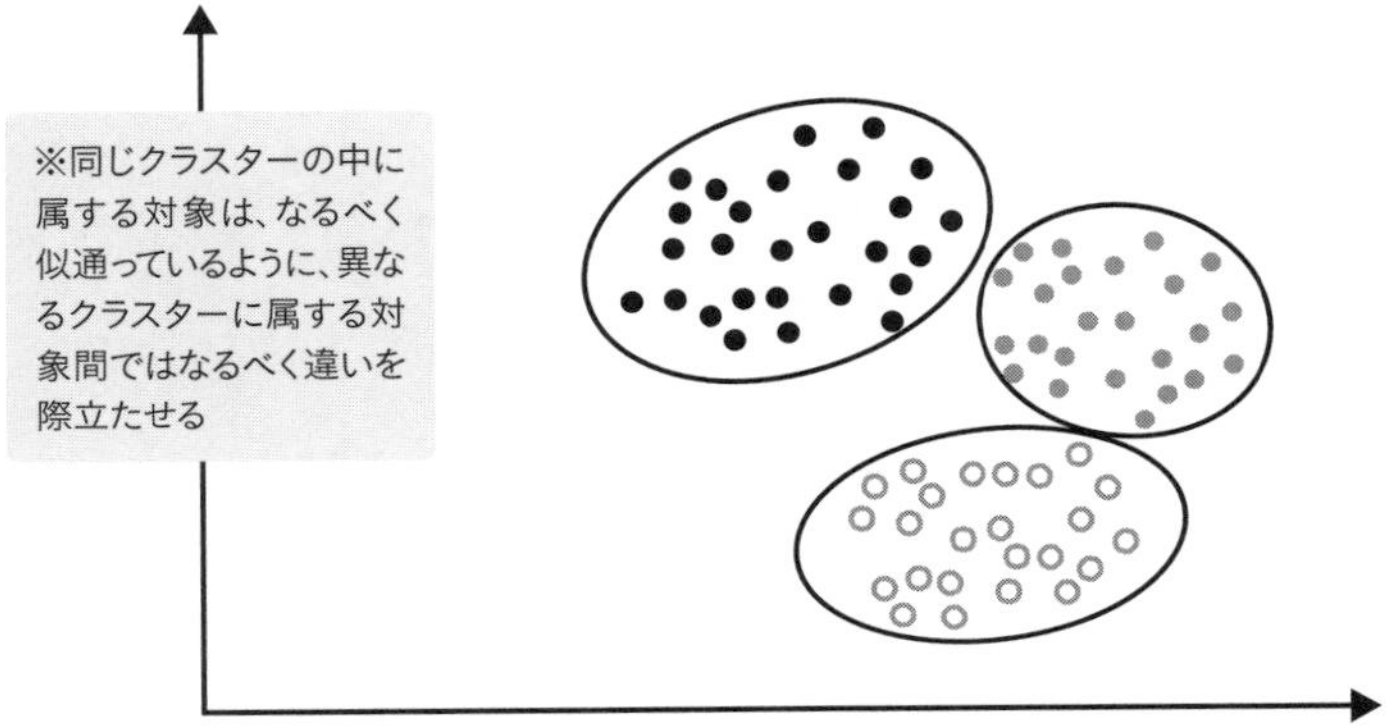

※同じクラスターの中に属する対象は、なるべく似通っているように、異なるクラスターに属する対象間ではなるべく違いを際立たせる

まな観点を因子化し、データマイニングツールにデータを投入してクラスター分析を実施しました（**図17**）。

クラスター分析には、大きく分けると階層クラスター分析と非階層クラスター分析の2種類の方法がありますが、某専門店ECで実施したのは後者です。

分析に活用した因子は、「購入商品のジャンル」「購入日（発売前予約か、発売日直後か、発売後しばらくたってからか）」「購入金額（定価購入か、割引購入か）」といったものでした。クラスター分析では、数学的に10個のクラスターをつくるとともに、運用面を考え、文学的に9個のセグメントを構成する形で運用しました。

次のDo(実行)は、目標達成に向けた計画の実行、仮説の検証施策の実行です。要は実際にやるということです。

続いてCheck(検証)。私が実際に、顧客勘定PDCAサイクルの設計をした当初は、月次、四半期単位での顧客維持、育成、獲得計画の進捗管理を想定していましたが、実際にPDCAサイクルを進める中で、結果管理をシステム上でダッシュボード化した結果、日次バッチで毎日更新され、日単位で見られるようになりました。だからと言って、四六時中見張っていたわけではもちろんないですが、業務サイクルとしては日次でも、週次でも確認することができるようになったため、次のステップにかじを切るスピードと品質が向上しました。

計画を見直す2種類の方法

最後のAction(修正)には、「ローリングプラン」と「コンテンジェンシープラン」という2つの修正の方向性があります。

ローリングプランは、計画に向けた見直しです。例えばセグメントAの顧客が1000

【図18】顧客勘定PDCAサイクル 概要

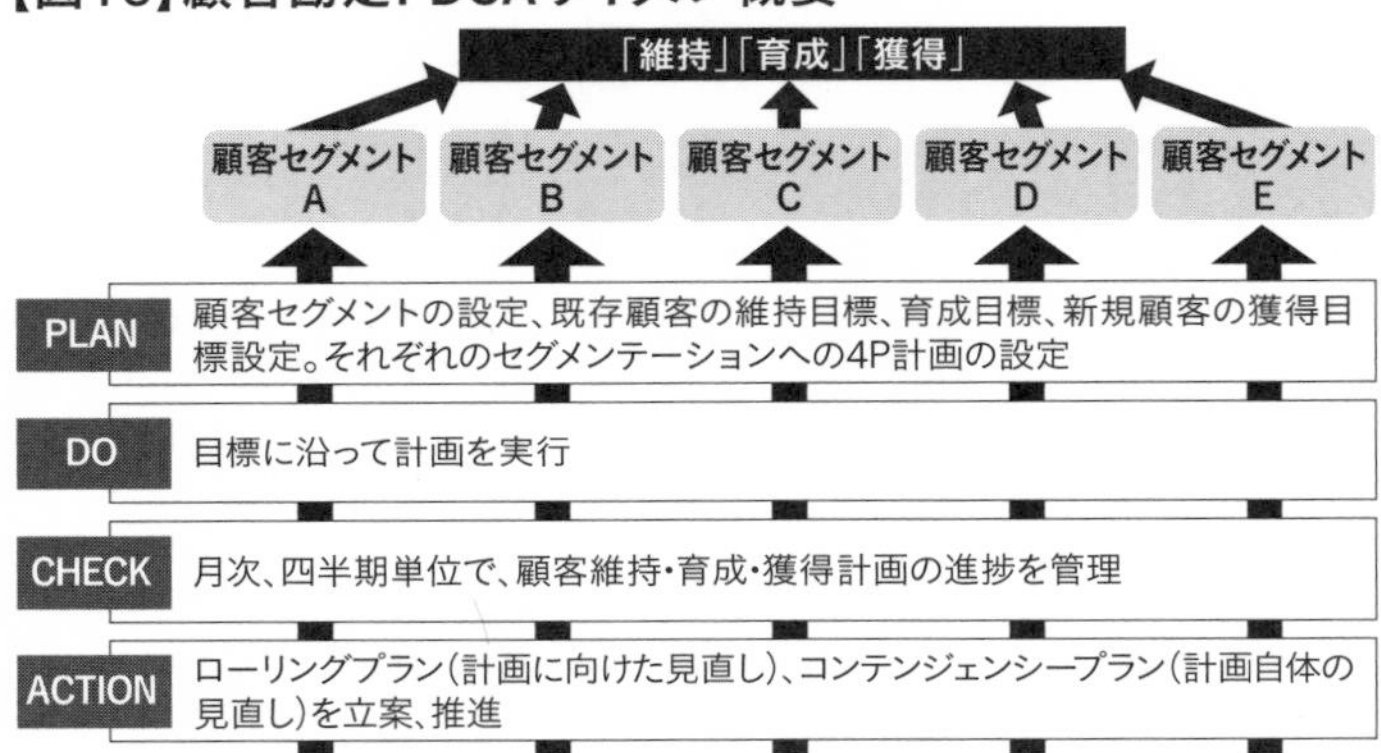

人いて、翌年に９００人維持する目標を立てて計画を実行した結果、８００人しか維持できていなかったとします。目標差はマイナス１００人です。この結果を受けて、再度９００人を維持できるような計画に練り直しを行い、改めて実行、検証を行う。これをローリングプランと呼びます。

一方のコンテンジェンシープランは、目標や計画自体の見直しです。マイナス１００人という結果は、もしかしたらそもそもの目標や計画に無理があったのかもしれません。顧客勘定ＰＤＣＡサイクルの推進においては、実行した施策と結果の因果関係がなかなか見えない場合も多いので、中には達成困難な目標や、実行困難な計画が混ざってしまう可能性もあります。その場合には、目標や計画自体を練り直して、仕切り直しをします。

このように修正のやり方には、目標に対する計画への見直しと、目標や計画自体の見直しがあり、このあたりを臨機応変に推進することで、目標の達成精度をより一層上げていくことができます。

このような形で、私は顧客勘定ＰＤＣＡサイクル３要素の３番目である、目標達成に向けた階段設計の枠組みを設計しました。ＰＤＣＡをひたすら繰り返すことでチューンアップを図っていったのです（**図18**）。

2-4

目標の進捗を管理する3つのカルテ

顧客勘定PDCAサイクルが目標通りに進捗しているかを管理するために、某専門店ECでは、大きく3種類の帳票を設計しました。帳票とは、いわばカルテのようなものであり、自身で立てた計画の進行度合いを診断するツールとして活用するものです。

まず1つ目は、顧客資産の現在価値を見るための帳票です（**図19**）。

過去12カ月以内に1回以上の購入実績のあるAUUが何人いるのか。また購入履歴で見た上位顧客の割合はどうなっているのか。これを可視化するための帳票です。顧客勘定PDCAサイクルにおいて重要なKPI（重要業績評価指標）であるAUUは、常に現時点の最新値を意識して活動することが重要です。

ただしこのAUUは、翌月になっても12分の11は変化しません。例えば今日が10月30日なら、今日時点のAUUとは昨年の11月1日から本年の10月30日までに1回以上購入実績のあった顧客です。1カ月後の11月31日のAUUは、昨年の12月1日から本年の11月31日

【図19】顧客勘定PDCA 帳票①「顧客資産の現在価値帳票」

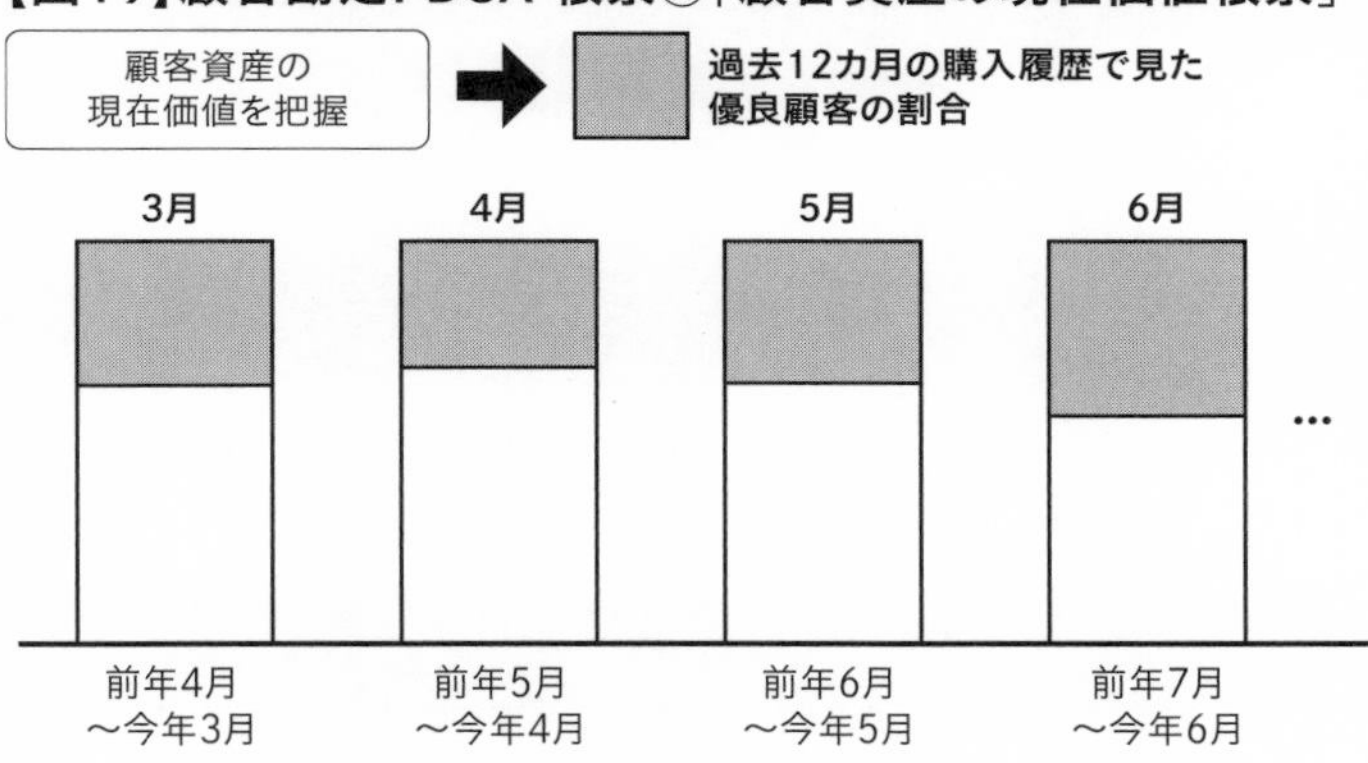

までに1回以上購入実績のあった顧客になります。AUUは非常に重要な指標ではありますが、1カ月後も12分の11が重複しているため、実際に管理するうえではダイナミズムに欠けるデメリットもあります。

そのデメリットを解消するために設計・活用したのが、2番目の「当選確実顧客数」を見るための帳票と、3番目の「上位顧客維持・育成・獲得ペースの把握」のための帳票です。

初月に目標の12分の1の顧客確保なら当確!?

2番目の「当選確実～」はまさに選挙のノリです。売上高が上位顧客の水準に達した顧

【図20】顧客勘定PDCA 帳票②「当選確実顧客数帳票」

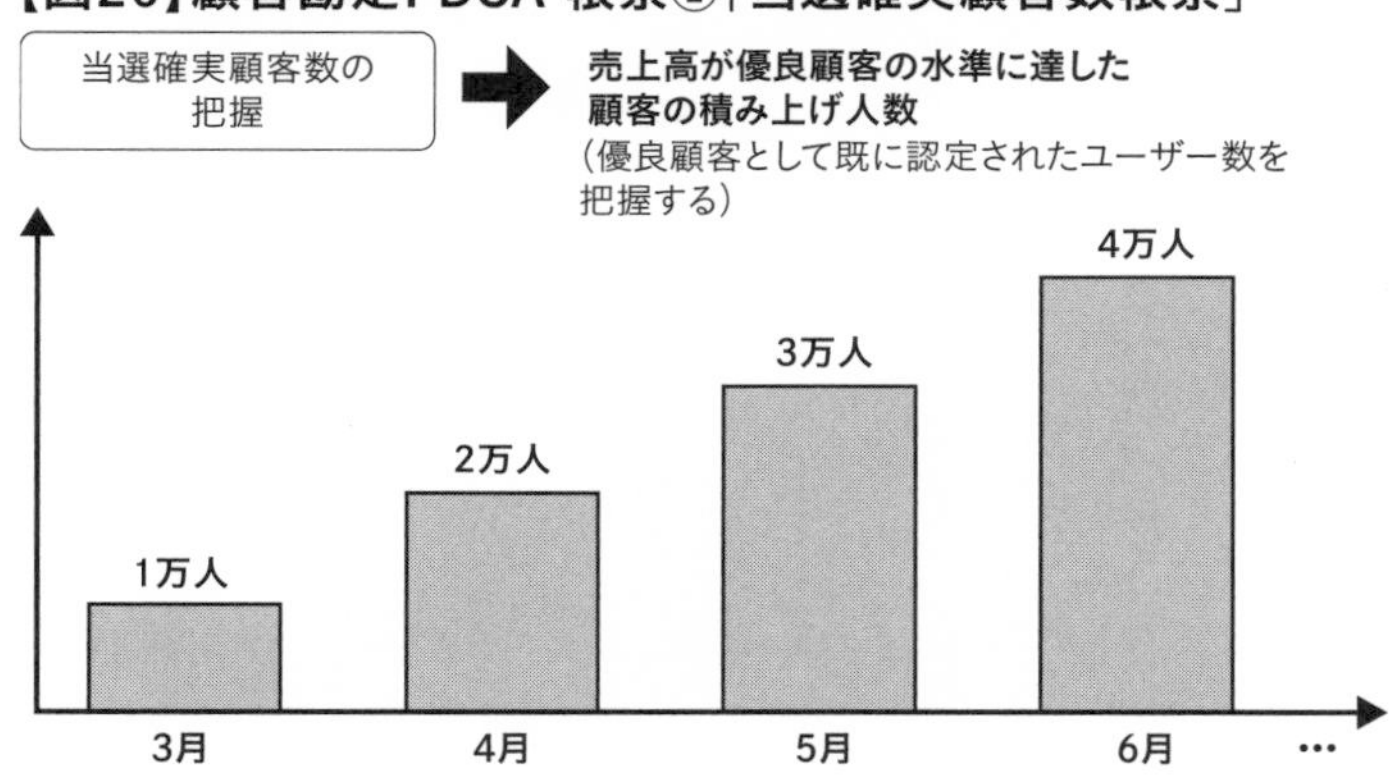

客数を月別に把握するための帳票です。例えば、「年間10万円以上買う顧客を12万人にする」と目標を立てたとします。この場合、ものすごく極端な話ですが、年度初めの初月に10万円以上買った顧客が12万人になれば、その時点で勝ちとなります。

もちろん、こんなことは現実の小売業ではまず起こりません。では何を見るのかというと、初月（3月）に12万人の12分の1に当たる1万人が、購入金額10万円を超えていれば「いいペース」と考えるわけです。実際は季節指数や月商力、繁忙期であるか否かなどを加味してもっと精緻な目標設定をします。そして4月に累計2万人、5月に累計3万人、となっていれば、年度末に12万人に達するはずと考えるわけです(図20)。各月の想定進捗ペースを上回っていれば「その調子!」、下回っていれば「もっとペースを上げていこう」と判断してアクションの修正を行い、年度予算の達成を目指します。

ペース配分に着目する「マラソン帳票」

3番目の上位顧客維持・育成・獲得ペースの把握のための帳票は、「マラソン帳票」と名付けていました。

初心者が42.195キロを走るためのペースとして、100メートルを1分、1キロを10分、フルだと7時間という目安があるそうです。この場合、「21キロ強を3・5時間で走ろう」といったように、自身のレベルにあったKPIを設定することが重要です。ここでは年間12万円以上購入する顧客を12万人にする目標例で考えてみます(76ページ図21)。

例えば年度初めの3月に1万円以上買ってくれた顧客が12万人、2カ月目の4月に累計2万円以上買ってくれた顧客が12万人……というペースであれば、12カ月目の翌年2月には12万円以上買ってくれる顧客が12万人に達するという考え方です。3カ月で3万円以上

【図21】顧客勘定PDCA 帳票③「マラソン帳票」

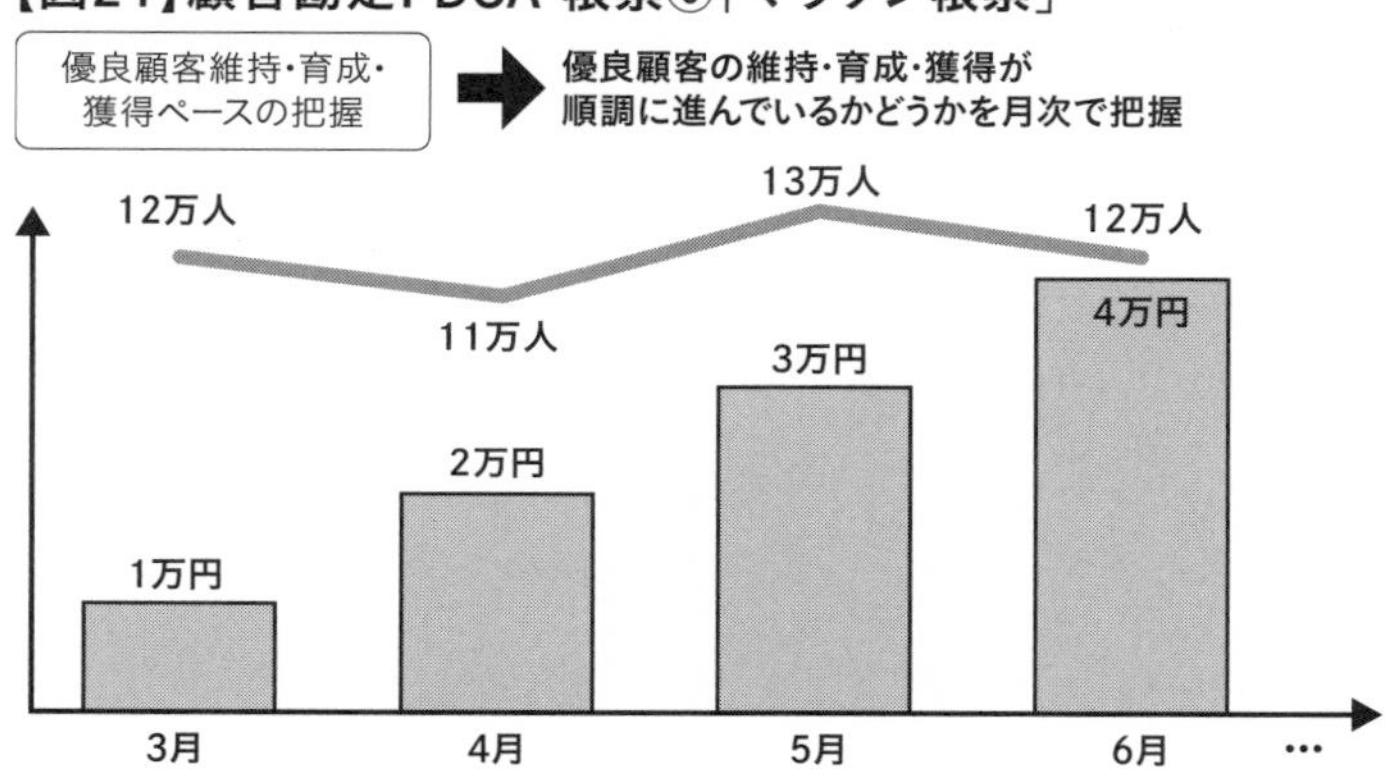

の顧客が12万人いれば「いいペース！」、10万人だったら「もう少しスピードアップ」と考えます。年度末の最終目標達成に向けて、順調なペースで走ることができているか？　これを確認するのがマラソン帳票の役割です。

このような形で、顧客勘定PDCAサイクル3要素の1番目「現状の可視化&基盤整備」のチューンアップを図っていきました。顧客勘定PDCAに取り組む前の可視化、また取り組んでいる過程の状況を可視化できる基盤の整備は重要です。その他にも細かい帳票をいくつか設計しましたが、基本になるのはこの3つの帳票の考え方です。当選確実帳票、およびマラソン帳票については、第6章でサンプルの図表入りで細かく説明します。

2-5

休眠を回避するクーポンメール施策

ダマされたつもりでお誕生日クーポンメール

私が上記以外に顧客勘定ＰＤＣＡサイクル推進の初期段階で取り組んだことをいくつか紹介しましょう。

顧客セグメントや顧客ステータスの考え方は、顧客勘定ＰＤＣＡサイクルを実際に推進する前から持っていましたが、実際に自ら推進する段階では、かなり基礎的なところから着手しました。代表的なものが「お誕生日クーポンメール」と「サンクスクーポンメール」の２つです（78ページ**図22**）。

まず、お誕生日クーポンメールについて。顧客勘定ＰＤＣＡサイクルの推進に際して顧客データベースの構築とキャンペーンマネジメントツールを導入したことから、試験運用の意味も含めて手始めに何に取り組むかが議論になりました。そのときに、顧客データベー

【図22】顧客勘定PDCA 最初の取り組み

・お誕生日クーポンメール〈月1回配信〉

→来月に誕生日を迎える顧客へ、前月下旬に送付するメール
→インセンティブは300円オフクーポン（301円以上の注文で利用可）
→クーポン利用期限終了日の7日前にアラートメールを配信

・サンクスクーポンメール〈毎日配信〉

→前回受注から一定期間、注文をしていない顧客に送付するメール
→インセンティブは100円オフクーポン（2000円以上の注文で利用可）
→クーポン利用期限終了日の7日前にアラートメールを配信

ス、キャンペーンマネジメントのベンダー企業の社員から、「お誕生日クーポンから始めましょう」と提案を受けたのがきっかけです。

正直に言いますと、聞いた当初は「何だかありふれた新鮮味のない施策だな」と思ったのですが、「ダマされたと思ってやってみてください」と自信たっぷりに勧めてきたこともあり、「では、ダマされたと思ってやってみましょう」と了承しました。

なお、お誕生日メールといっても、顧客それぞれの誕生日当日に送信するのではなく、誕生月の前月の下旬にまとめて送っていたので、送り手側から見ると月1回、年12回の配信になります。顧客の誕生日当日にメールを送ることもシステム上では可能でしたが、お誕生月の1カ月間有効なクーポンの方が分かりやすいだろうと考え、月1配信にしました。

最終購入から30日、60日、90日後にクーポンメール

次のサンクスクーポンメールは、前回の注文から一定期間、注文がない顧客に送るメールです。データを参照したところ、注文から30日以内に再度注文があった顧客は維持できる可能性が非常に高いことが分かったため、最後の注文から30日後に若干高めの割引率のクーポンを送付することにしました。

メールの鉄則では、「なぜ自分にこのメールが送られてきたのか」が件名でハッキリ伝わることが大切だと言われます。しかしながら、「最後のご注文から30日が経過したお客さまへ。この期間にもう1回ご注文いただけると、私どもとしてお客さまを『維持』できる確率が上がるのでぜひご注文ください！」とはさすがに言えません。どういう件名にするか迷った揚げ句、「サンクス！（ありがとうございます！）」と言われて怒る顧客はいないだろうと考え、この名称に落ち着きました。

なお、その後の調査で、最後の注文から60日を過ぎると離反確率が高まり、90日を過ぎるとさらに離反確率が上がることが分かったので、60日後に「ハッピークーポン」、90日後に「ラッキークーポン」と題したDMを配信することにしました。

こちらは誕生日クーポンメールとは違い、顧客それぞれの該当日に合わせて配信しました。例えば最終注文日が3月1日の顧客には4月1日、3月3日の顧客は4月3日にサンクスクーポンメールを送るサイクルにしました。

顧客が〝眠る〟前に手を打つ

3種のクーポンメールを送信する目的は、顧客を眠らせないことです。離反しそうなタイミングで顧客のアクティブ化を図るように、先行的に施策を開始しました。

では、この2つの施策は果たして効いたのか？　まず誕生日クーポンメールは大成功でした。ダマされたと思ってやってみてよかったわけです。ベンダー担当者の経験値では、業種によって違いはあるものの、トータルレスポンス率（発送数に対する購入率）は1％とのことでしたが、3カ月ほどやってみた結果、「AUUのクーポン使用率10％強」「過去1年間購入実績のないノンアクティブユーザーでもクーポン使用率2％以上」と、当初見込みを大幅に上回りました。

一方のサンクスクーポンメールですが、こちらもクーポン使用率4％台以上をキープと、非常に高い使用率を計上しました。もちろんクーポンを使っていただくことが最終目的ではなく、顧客を眠らせないことが狙いであるわけですが、この施策が「維持率の向上＝離反率の削減」「ランクアップの促進」につながっていることはデータ上からも確実でした。顧客が眠ってしまう前に手を打つことが顧客勘定ＰＤＣＡサイクルの鉄則であると改めて理解できました。

この施策は初回購入客を2回目購入客に引き上げる効果を上げ、その後きめ細かくブラッシュアップを重ねたことで、さらなる顧客維持、育成につながりました。

〝寝た子〟を起こすのは難しい

「お誕生日」「サンクス」の後にもいろいろなテストマーケティングを重ねていきましたが、次に大きな取り組みとして実行した施策が、「Win Back Customers Campaign（ウィンバック カスタマー キャンペーン）」でした。これは、「離反した顧客を取り戻す」「ランクダウンしてしまった顧客を元のステータスに戻す」ことを狙ったものです。

前述の通り、年間売上高のかなりの額を、離反とランクダウンで逸失していました。それを少しでも食い止めることができれば、取り戻すことができればと考えて立てた企画です。

過去1年前から2年前までに購入実績があったユーザーで、過去1年以内は「購入実績なし」および「ステータスが落ちた」ユーザーに対して一斉に、やや割引率の高めのクーポンを送付。これをきっかけに、離反した顧客の復活、ランクダウンした顧客の元のステータスへの復帰を狙った施策を投入しました。

ところが結果は、クーポン使用率は全体で1％弱と、キャンペーンとしては極めて低い反応率で終了しました。

この施策から私どもが学んだことは、基本的に「寝た子は起きない」「寝た子を起こすのはかなり難しい」ということです。顧客が眠ってしまう前に維持・育成施策を投入する必要があることに改めて気づくとともに、適切なタイミングで顧客とリレーションシップを構築し続けることが重要であることを痛感しました。

はたから見れば失敗に映るかもしれませんが、私は「挑戦の結果は成功か成長しかない」というスタンスです。よい学びになったと思っています。

とはいえ、不要なDMを不要なタイミングで受け取ってしまったユーザーの皆さまにはおわび申し上げるほかございません（笑）。

ステータスによる識別を基にしたDM配信を経て、前述のセグメント別のDM配信を開始しました。例えば、あるセグメントは「特に買いたいものがあるわけではないが、何かよいものはないかとサイト上で探すユーザーや顧客」「DMで配信された多くの情報の中から、過去に購入実績がなかった傾向の商品を選んで買ってくれる傾向が強い顧客」であることが分かりました。こうした発見を受けて、このセグメントには、定期的に豊富な情報を提供し、適宜クーポンも付与することで、プラスαの購入につなげていくことができました。

施策の目的別にKPIを定めてPDCAを推進

セグメント×ステータス、過去購入商品からのターゲティングなど、施策の数が増えていく中、その施策は顧客維持・育成・獲得など、どんな目的のものか、目的別にKPIを定めてPDCAを推進するようにしていきました（85ページ**図23**）。

・顧客維持施策

顧客のステータス維持を目的とした施策。施策の評価の軸は「ステータス別維持率」「セグメント別維持率」など。

・顧客育成施策

顧客ステータスの育成（ランクアップ）促進を目的とした施策。施策の評価の軸は「ステータス別育成率」「セグメント別育成率」など。

・新規獲得施策

新規顧客の獲得を目的とした施策。新規獲得は通常、外部からの流入促進が中心になりますが、私どもはAUU以外をすべて新規顧客と定義していたので、最終購入から1年経過した顧客は離反（休眠）とし、再度購入してくれれば新規顧客の獲得としてカウントします。過去に購入実績のある会員向けに送信するDMでは、この復活を狙いました。施策の評価の軸は「新規顧客獲得数」。

・売り上げボトムアップ施策

純粋に売り上げのボトムアップを目的とした施策もありました。この場合は分かりやす

【図23】施策の目的別にKPIを定めてPDCAを推進

維持・育成・獲得など施策の目的別にKPIを定めてPDCAを回す

<table>
<tr><th rowspan="2"></th><th>Plan／Do</th><th colspan="3">Check</th><th>Action</th></tr>
<tr><th>施策目的</th><th>C1:
効果有無の検証
（評価軸）</th><th>C2:
要因の特定、
メカニズムの解明</th><th>アウトプット
（定型フォーマット）</th><th>効果改善のためのアクション（例）</th></tr>
<tr><td>A</td><td>顧客維持施策</td><td>ステータス移動
（維持率）</td><td>ステータス別維持率、クーポン使用率、ステータス別（ステータス移動別）RFM変化率</td><td colspan="2" rowspan="7">施策別に
定型フォーマット
による
アウトプットを
検証のうえ、
効果改善のために
必要な
アクションプランを
構築するとともに、
半期に1度、
KPIの再検証も
実施</td></tr>
<tr><td>B</td><td>顧客育成施策</td><td>ステータス移動
（育成率）</td><td>ステータス別育成率、クーポン使用率、ステータス別（ステータス移動別）RFM変化率</td></tr>
<tr><td>C</td><td>離反防止施策</td><td>ステータス移動
（離反率）</td><td>ステータス別離反率、Recency別離反率、離反者の購入商品リスト</td></tr>
<tr><td>D</td><td>ランクダウン防止施策</td><td>ステータス移動
（ランクダウン率）</td><td>ステータス別ランクダウン率、Recency別離反率、離反者の購入商品リスト</td></tr>
<tr><td>E</td><td>新規獲得施策</td><td>新規購入客数、新規登録客中の購入率、購入金額</td><td>流入元（媒体）別の効果検証</td></tr>
<tr><td>F</td><td>売り上げボトムアップ施策</td><td>受注金額</td><td>セグメント・ステータス別売上金額</td></tr>
<tr><td>G</td><td>休眠掘り起こし施策</td><td>復活件数</td><td>セグメント別復活状況、購入商品リスト</td></tr>
</table>

く施策経由での受注額、売上高が評価の軸となります。

ある施策が顧客維持と顧客の育成の両方に寄与することもあります。施策Aは顧客維持施策、施策Bは顧客育成施策と決め込むのではなく、施策Aの結果、維持がどのくらい進んだのか、育成がどのくらい進んだのかと、複数の観点で評価しました。

離反、ランクダウン抑止施策で売り上げ大幅改善

抑止施策を打っていなかった当時は、離反とランクダウンで前年売上高の多くが消失していました。セグメント別、ステータス別に顧客維持施策、育成施策などを打った結果、施策投入後にはこの数値が数十パーセント改善しました。あっという間に効果が出たのです。

離反とランクダウンによる売り上げ減少が数十パーセント改善したということは、粗っぽい計算ではありますが、その改善分が、前年比で数十パーセントトレンドアップに貢献したことになります。デフレ下の小売業が、前年から数十パーセント売り上げを押し上げるのは至難の業です。

某専門店ECでは、実際に顧客勘定PDCAサイクルを開始してから1年で、売り上げを倍増させました。既存顧客離反の防止と、既存顧客の1客単価の維持、プラス新規顧客の獲得によって、1年で売り上げを倍増させたのです。顧客の維持・育成・獲得、これを愚直に進めることで売上高の伸長を実現させました。顧客勘定目標を客数×客単価で設定することで、売り上げ目標の達成を実現することができました。

インバウンドとアウトバウンド

ユーザーや顧客のWebサイトへの誘因の仕方には大きく2つ、「インバウンド」と「アウトバウンド」という手法があります。インバウンドといっても、ここでは訪日外国人観光客のことではありません。

グーグルやヤフーなどの検索エンジン、またはアフィリエイトのサイト、あるいは誰かが書いたブログやSNSなどから、ユーザー自らの意思でサイトに訪れる流れをインバウンドと呼んでおり、この流れをつくるアクションがインバウンドマーケティングです。

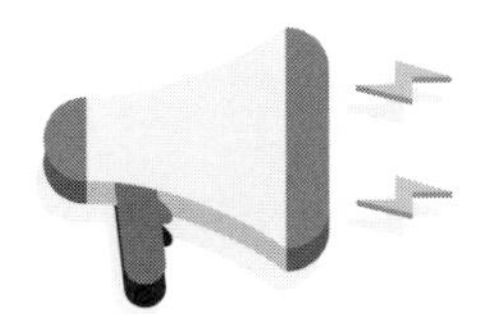

写真／Shutterstock

インバウンドでユーザー・顧客に来てもらうためには、商品の魅力を高める、魅力あるサイトを構築するといったことに加え、SEO（検索エンジン最適化）を実施することで検索エンジン経由で見つけてもらいやすくする、検索結果ページに表示されるリスティング広告にキーワード出稿するといったやり方があります。

顧客が自ら率先してSNSで自社の商品・サービスを取り上げてお薦めしてくれるパターンは最も望ましいでしょう。インスタ映えする画像などを用意しておいて、顧客自ら投稿してくれれば、サイトへの流入も増えていきます。

YouTubeを活用して、インバウンド

を積極的に誘引するという手法もあります。自らYouTube動画を作成し、アップロードする方法です。YouTube投稿はブログの更新よりも格段に効果的といわれています。

一方のアウトバウンドマーケティングは、DMやLINE、SNS、アプリなどを活用して、情報をユーザーに届けることで流入を促すアクションを指します。リアルでもネットでも小売業は「植物型産業」と呼ばれており、商売の基本が「待ち」だといわれてきました。が、いい商品を並べてユーザー・顧客の来訪を待つだけでなく、自ら外に出てユーザーや顧客を誘導してくる発想がアウトバウンドです。

B2Bのビジネスであれば、新規顧客が来るのをひたすら待つだけということは考えにくいでしょう。多くの場合、見込み客の企業を訪問したり、最近ではZoomなどでのリモート商談で問題点をヒアリングしたりといった取り組みをされているかと思います。

小売業で外に出て売ってくる手法というと、「酒屋さんのご用聞き」を思い出すかもしれません。サザエさんに出てくる、三河屋のサブちゃんを例に挙げるケースが多いです。もう少し提案型になると、百貨店の外商もここに入ります。外商の担当社員が顧客の自宅などに出向く、あるいは店舗や店外催事の会場と顧客の自宅をＺｏｏｍなどで結び、商品の説明や提案をすることで販売する手法があります。

ＥＣにおける外商の役割が、ＤＭやＬＩＮＥ、ＳＮＳ、アプリであると言ってもいいかもしれません。ユーザーや顧客の趣味嗜好を分析し理解し、適切な商品やサービスを適切なタイミングで提案することで、ユーザーや顧客の需要を喚起していきます。特定の商品やサービスの提案のみならず、お誕生日メールやお得なセール案内なども アウトバウンドのコンテンツとして一般的なものです。

ＥＣでは、インバウンドは新規顧客中心、アウトバウンドは既存顧客中心という考え方もあると思います。例えばあまりリピート購入するような商品・サービスではない場合、キーワード検索して初めてＥＣサイトに訪れたユーザーが、迷わずに情報収集から購入に至りやすいサイトを目指す考え方がマッチするかと思います。

一方、既存顧客のリピート購入が大半のＥＣであれば、購入履歴や閲覧ページの傾向から、顧客の嗜好性を認識しているでしょう。であれば、直接その購入可能性の高い売り場に案内してしまう考え方も成立すると思います。顧客に案内するＤＭやＬＩＮＥ、ＳＮＳ、アプリに、その顧客が好みそうな新作の情報を掲載して直接案内すれば、その顧客は特に興味のない売り場を見て回る必要がないという考え方です。

お店全体を運営する立場であれば、「いろいろな売り場を見てもらいたい」という気持ちになるのは理解できます。ただ、例えば百貨店でブランドAしか購入しない顧客がいて、Aの売り場が5階奥にある場合、この顧客は1階の正面入り口から入って化粧品売り場を通ってエスカレーターで5階まで上がることを面倒に思っているかもしれません。そうした発想に立てば、その顧客には必要な情報に特化してアウトバウンドを展開する方がよいという考え方になるわけです。

第3章

顧客別「限界利益」管理
～赤字顧客を黒字顧客に

3-1 粗利益、限界利益、営業利益

3年間売り上げ増に注力後、利益重視に転換

私が手掛けた取り組みの話に戻ります。会社全体にとっても一事業部にとっても、重要な指標である利益についてです。私は部署のメンバーに、「売り上げは顧客からの支持のたまもの」「利益は我々のマネジメントの結果である」と伝えていました。小売業の場合、営業部門がPL（損益計算書）の観点で見るべき利益は、粗利益（売上総利益）、限界利益、営業利益の3つです。

私が顧客勘定PDCAサイクルを推進するうえでまず重視したのは、「版図」を拡大する（=売上高を拡大する）ことです。利益うんぬんの前に、「売上高の基盤なくして利益なし」と、徹底的に売上高を重視する旨を宣言し、利益はほとんど気にしないという、ある種の〝暴挙〟に出ました。

某専門店ECに関与してから最初の3年間は、売上高は順調に伸長しました。が、4年目に入ると、右肩上がりではあったものの、それまでの伸び率がやや鈍化。いったん、成長の踊り場に来たと感じました。

このタイミングで、いよいよ利益重視に転換する姿勢を明確に打ち出しました。ある程度の顧客の「量」の確保ができたことから、維持すべき顧客が一定数を超えたと判断したのが、路線転換の大きな理由です。売上高を維持しつつ、営業利益率を上げていく。これをやり抜くことを基本命題としました。

ここで、利益を構成する要素を分解してみましょう。まず粗利益の基本構造は「売上高－原価」です。粗利益を確保するには、「値下げしない」「クーポンを使わせない」といったことも考えられますが、それで売り上げが大きく落ちてしまっては本末転倒です。よって顧客が受け入れ可能な、適切な販売価格設定、あるいはクーポン設定・訴求が重要になります。

リアル店舗とEC、どっちがもうかる？

リアル店舗とECの利益構造について考えてみます。仮にリアル店舗事業とEC事業で、売上高対営業利益率はほとんど変わらないと仮定しましょう。実際に私が見聞きした複数の企業では、変わらない会社が大半です。

しかしながら、営業利益に至る道筋はかなり異なります。粗利益率は、リアル店舗∨EC、変動費率はEC∨リアル店舗、固定費率はリアル店舗∨EC、という構造になっている場合が多く、結果として営業利益率は差し引きトントンになる感じです。

それぞれの構造を見ていきましょう。まず粗利益ですが、店舗はその場で商品を見てすぐに現物を入手できる（＝自分のものになる）特性があります。ECの場合は、ネット上で簡単に他社比較ができるので、価格に敏感になる特性があります。ECの競合環境は、価格競争がかなりシビアです。その意味でECは、リアル店舗に比べて価格競争に巻き込まれやすいと言えます。それ故に、粗利益率は、リアル店舗∨ECという構造になりやすいのです。

変動費はどうでしょう？　何を変動費として計上するかについては、企業によって多少は分かれる部分があると思いますが、例えばクレジットカード他決済手数料費、配送費、広告宣伝費、ポイント経費、商品付帯用品費などが該当します。ECはリアル店舗に比べて、カード他決済手数料費の比率が高まりますし、ECと配送は不可分な関係にあります。

一方の店舗は、ユーザー・顧客が店舗まで自ら足を運んでくれます。徒歩や自転車でなければ交通費を払ってまで来てくれるわけです。その違いから、変動費率はEC＞リアル店舗となるわけです。

最後に固定費についてです。リアル店舗では、人件費、施設費が特に大きな固定費となります。人件費、施設費は、リアル店舗にとっての2大経費であり、金額として負担が大きい経費です。一方のECは、もちろん人件費は必要ですが、売り場に物理的に販売員を配置するわけではないので、やりようによっては工夫ができます。また施設費については極端な話、パソコンやスマホ、タブレットがあればどこでも仕事ができてしまいます。コロナ禍でそれがだいぶ進展したのではないでしょうか。よって固定費率では、リアル店舗＞ECとなるわけです。

ただこれはあくまで構造の差異であって、リアル店舗とECでどちらが優れているかという話ではありません。ECがリアル店舗のような低変動費構造を、リアル店舗がECのような低固定費構造を単に目指せばいいのではなく、それぞれの構造を理解したうえで、理想的な利益構造を立案し、そこに向けて着実に歩を進めていくことが望まれます。

粗利益から変動費を引いた限界利益

粗利益の次は限界利益についてです。小売業の場合、粗利益から変動費を引いたものが限界利益となります。メーカーの場合は原材料費も含めて変動費と呼ぶことが多く、売上高から変動費を引いたものを限界利益と呼ぶのが一般的ですが、小売業でも売上高から原価を引いたものが粗利益で、ここから変動費を引いたものが限界利益ですので、考え方は同じです（**図24**）。

限界利益とは、簡単に言えば「この商売では、いくらの利益を創出することが限界なのか」を示したものです。

例えば1万円の売価の商品の原価が7000円であれば、3000円が粗利益になりま

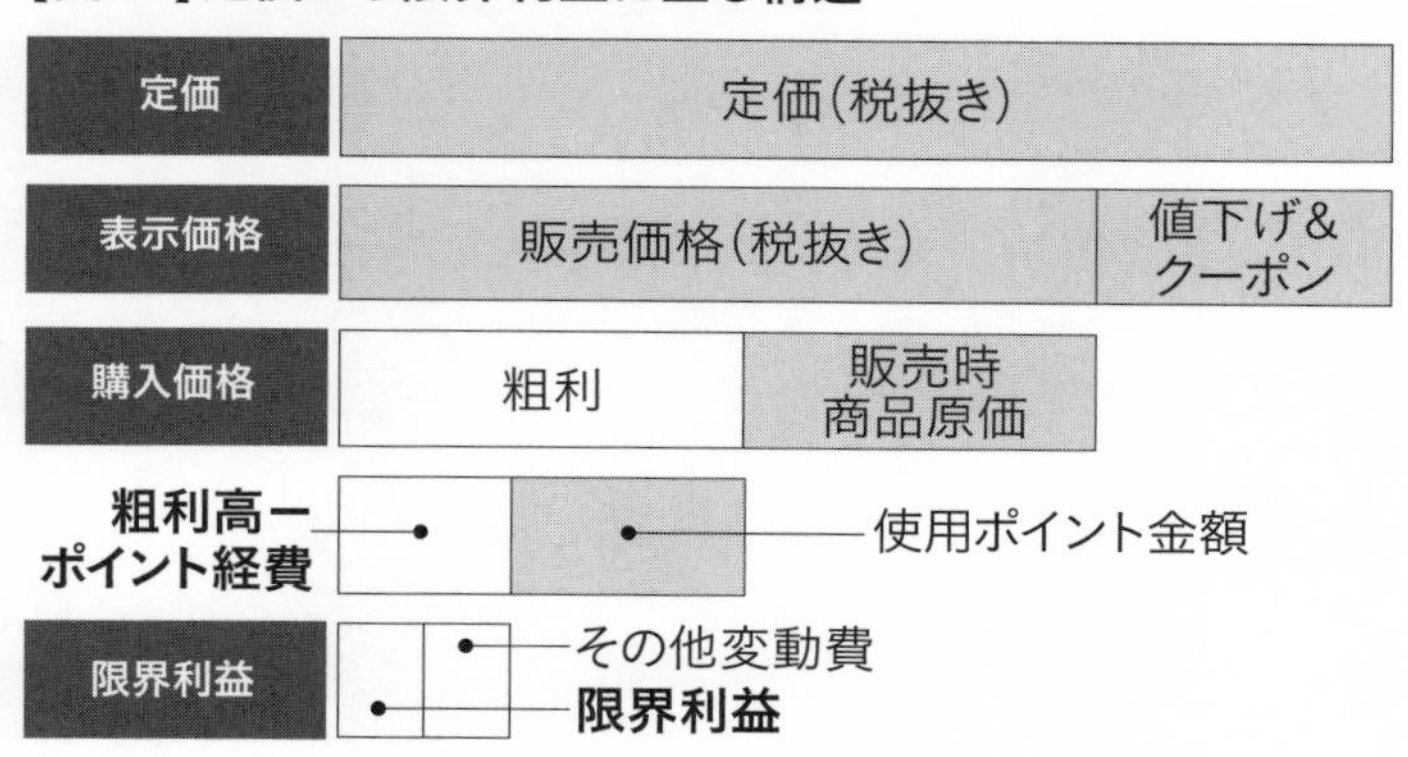

す。もちろん丸々3000円もうかるのかというとそうではありません。ECであれば顧客への配送費が別途かかります。それにカード決済やキャリア決済、コンビニ決済などが利用されれば、それぞれに決済手数料(※売上金額の一定率を決済会社に支払う手数料)も支払わないといけません。さらに包装もするでしょう。ポイント経費も一定レベルかけているかもしれません。

このように商売の構造上、売上高が上がるとそれに伴ってかかっていく経費を変動費、と呼びます。通信販売ですと「配送しない」とか、「現金決済のみ」「商品は包まずにお届け」というわけにはいきませんので、これらの経費はほぼ確実にかかります。

粗利益から、売り上げ増に伴って増加するコストを引いたものが限界利益です。3000円の粗利に対して変動費が2000円かかる場合、限界利益は1000円になります。この場合の限界利益率は、1000円割ることの商品価格1万円で10％です。この商売では、1万円売っても1000円しか手元に残らない、売上高の10％が利益の上限になるので、これを限界利益と呼ぶわけです。

限界利益から固定費を引いた営業利益

次に営業利益です。営業利益とは読んで字のごとく、営業活動を通じて得た利益です。売上高から原価を引いて、さらに変動費を引いたものが限界利益ですが、営業活動ではこれ以外に人件費や施設費などもかかります。社員に支払う給与や福利厚生費、オフィスの家賃などは、売り上げが増えようが減ろうが、支払う額は基本的に一定です。このような固定費を限界利益から引いたものが営業利益です。

例えば、家賃の安いところに引っ越す、あるいはオフィスの面積50坪を10坪にするなど、コロナ禍で多くの企業が実施しているような、オフィスの縮小、移転、閉鎖に踏み切れば、売上高の増減に引っ張られず、調整が可能な経費であると言えます。

事業部制を敷いている企業であれば、営業利益までが各事業部の責任範囲と考えてよいでしょう。会社全体では、営業外の収入や支出（金利や特損など）を加味したものが経常利益。ここから法人税などの支払いを引いたものが当期純利益となります。

商品視点での限界利益と顧客視点での限界利益

顧客勘定の観点でどのように利益を管理していけばいいでしょうか。某専門店ECでは3年間でAUU数が数倍に増え、上位顧客に当たる顧客数もそれに比例して数倍になりました。それでも、売上高重視で突き進んだ結果、利益はあまり伸長せずに、むしろ限界利益率、営業利益率は悪化の一途をたどっていました。

「売上高＝商品勘定＝顧客勘定」ですから、顧客一人ひとりの売上高の集積が全体の売上高になることは当然理解しています。この観点を利益に持ち込んだらどうなるか、探究しました。

まず、どの段階の利益で考えればよいのかですが、私の結論としては、限界利益で見るのがよいという見方に落ち着きました。商品にも顧客にも、その特性に応じて付帯されるのは原価や変動費まででであり、商品や顧客に人件費や施設費のような固定費を案分することには違和感がありました。

では商品の限界利益について考えます。商品Aの売価が1000円で原価が700円だった場合、粗利は300円になります。ここから、この商品Aの配送費、決済手数料、包装費などをもろもろ引くと、限界利益が算出できます。そして全商品から創出される限界利益の合計は、店舗、事業部、会社全体の限界利益と理論上は完全に一致します。

顧客別の限界利益はどうでしょう？　こちらも商品のように割り出すことが可能です。石田さんは過去1年間に5000円の商品4点、計2万円購入しました。4つの商品の原価の合計が1万2000円だった場合、石田さんからもたらされた粗利益は8000円です。さらに石田さんの購入にかかった配送費、カード手数料費、梱包（こんぽう）資材費などの実費を差し引くと、石田さんからもたらされた限界利益を算出できます。

売り上げの多い顧客と利益の高い顧客はイコールではない

そこで私どもは、すべての顧客一人ひとりの限界利益を算出してみました。限界利益の観点で顧客を分析した結果、見えてきたことは、「売り上げの多い顧客と利益の高い顧客はイコールではない」ということです。売上高の観点で顧客を見ていた際に、上位顧客と考えていた顧客が、限界利益で見た場合には必ずしも利益をもたらしてくれているわけではない例が少なからずあることが判明したのです。

顧客の限界利益率がすべて同じなら話は簡単です。例えば全顧客の限界利益率が10%だった場合、1客単価1万円の顧客の限界利益は1000円、2万円の顧客は2000円になるので、限界利益まで見ずとも、売上高で管理すれば十分ということになります。

しかしながら実際、限界利益は顧客ごとに大きく異なっていました。その例を挙げます。まず売上高を顧客勘定で考えた場合、顧客が購入した額である売価がカギになります。この売価はさまざまです。定価で買った場合、値下げ商品を買った場合、クーポンを使用して買った場合、それぞれ粗利益は変わります。

販売価格1万円の商品を1万円で購入した真田さん、9000円に値下げされた段階で購入した黒田さん、9000円に値下げされた商品に1000円のクーポンを使って8000円で購入した加藤さん……、原価がすべて7000円なら、この3人の粗利益が大きく変わってくることに気づくでしょう。

ポイントは使われたら経費計上

粗利益から引いて考える変動費で見るとどうでしょう。例えば購入金額に応じてポイントを発行した場合です。100円で1ポイント（1ポイント＝1円相当）を付与する場合、ポイント10倍キャンペーンを実施すれば、1000円購入で100ポイント、1万円購入で1000ポイントを付与することになります。ポイントは経費として計上します。

ポイントは購入時に使用できるクーポンとは異なり、購入金額に従って付与し、次回以降の購入で使えるのが一般的です。したがって2回目以降の購入の顧客には、既にいくらかのポイントが付与されています。すぐにポイントを使う顧客、ある程度たまってから使う顧客とさまざまですが、1万円の購入で「ポイント使用がゼロだった場合」「1000ポイント使った場合」「5000ポイント使った場合」……ポイントは使われた分だけ、経費として計上されます。

宣伝費の観点でも見てみましょう。顧客がECに来訪するための導線はさまざまです。検索エンジンのワード検索から来訪するパターン（いわゆるオーガニック）、DM記載のURLからランディングページに〝着地〟するパターンなどがありますが、中にはアフィリエイトサイト経由で来る顧客、リスティング広告経由、リターゲティング広告経由もあります。オーガニック検索や自社で配信したメルマガ経由で来てもらう場合には、基本的に経費はかかりませんが、アフィリエイト、リスティング広告、リターゲティングなどを経由して来てもらう場合、EC事業者は広告代理店などに手数料を払います。こうした部分で広告宣伝費が変動費としてかかってきます。

限界利益を構成する要素は多様

配送費についても見てみましょう。ECはその特性上、すべての注文に配送の要素が入ってきます。配送日時指定なのか、代引き指定なのか、1注文当たりの単価はいくらか、荷物の大きさはどのくらいか、届けるエリアはどこなのか、送料無料の1回単価なのか、送料が発生する配送なのか……こうした要素によって、1件当たりの配送費は大きく変わってきます。顧客がどのような注文をしているのか、それに伴ってどのような配送手段になったのかによって経費構造が変わります。

続いて決済手数料についてです。EC事業者によっては、クレジットカード決済、コンビニ決済、口座振替、キャリア決済、その他（PayPayやアップルペイなど）と、さまざまな決済手段があります。顧客がどの支払い手段を選択するのか、また1回単価がいくらだったのかによって、それぞれ決済代行会社に支払う手数料が変わります。

さらに、どのような商品付帯用品（包装品）を使用したのか、配送の際の部材は大きかったのか、小さかったのか、豪華なものだったのか、簡素なものだったのか。こちらも利益に関わってきます。

このように顧客別での限界利益を構成する要素は多様です。顧客の年間の売上高、その商品の原価、クーポンの利用状況、ポイントの利用状況、広告費がかかるメディアを経由したのか、どのような配送手段、決済手段を使ったのか、どんな包装品を使ったのかなどにより、顧客一人ひとりの限界利益は大きく異なってきます。

【図25】「顧客別限界利益管理」(Customer Profit Management)のフォーマット

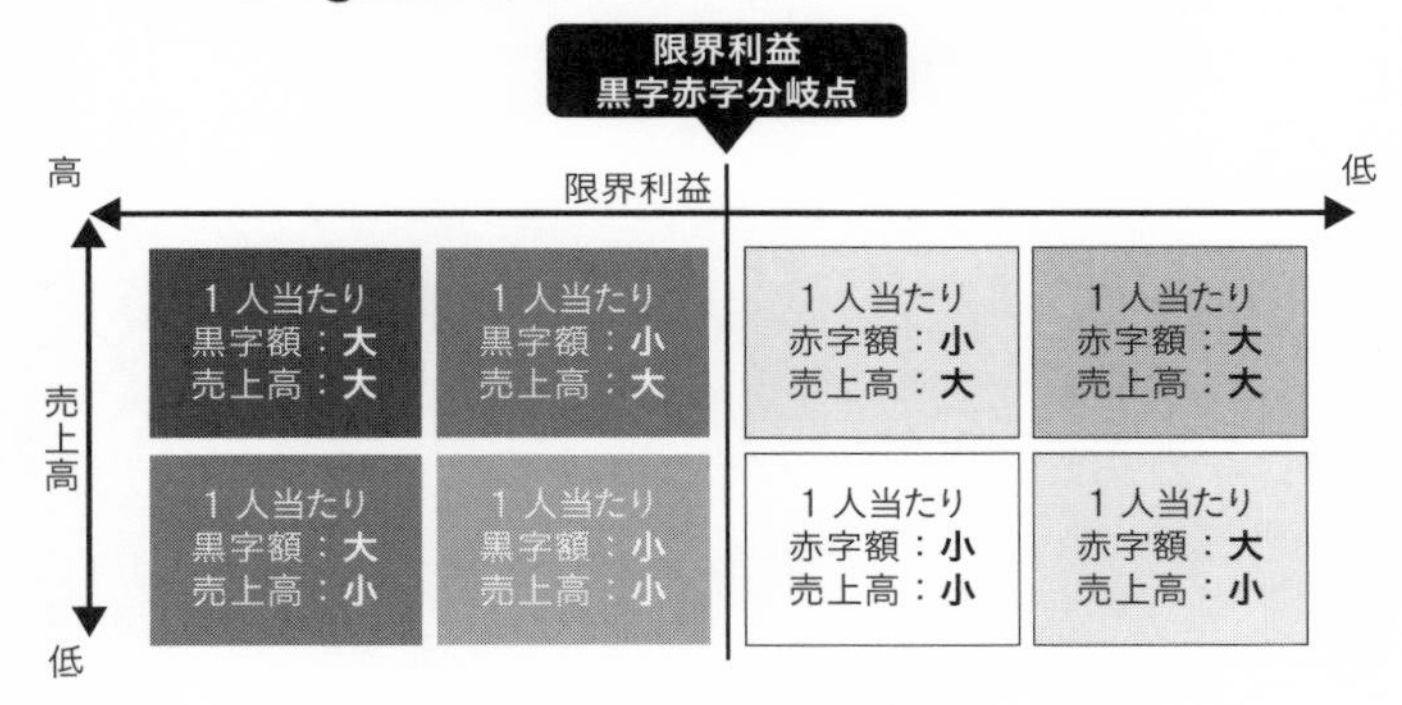

黒字の顧客と赤字の顧客

結果、黒字の顧客もいれば、赤字の顧客もいるという現象が発生します。私は価格設定に際して「勝ち」「負け」という言葉をよく使います。あまり買う気がなかった顧客が、「値段が下がっていたから買った」「クーポンに後押しされる形で買った」というパターンが勝ち。定価で買う気まんまんだった顧客が、「ラッキーなことに値段が安くなっていたから買った」「そうだ、クーポンを持っているから使って買ってしまおう」というパターンが負けです。利益を確保するためには、勝ちパターンを増やし、負けパターンを減らしていくことが重要です。

顧客からすれば、「私が赤字客？　知ったことか！」とご批判を受けるかもしれません。ＥＣ事業者が安く売っていた商品を、ＥＣ事業者発行のクーポンを使って購入しているだけですから、当然です。ＥＣ事業者にとっては、顧客の黒字・赤字を善しあしで捉えるのではなく、どういう状態になっているのかを確認し、赤字の顧客が多い理由を考えることで改善策を打ち出し、ＰＤＣＡサイクルを回していくことが望ましいと思います。

25％の顧客が「赤字顧客」

売り上げの拡大から営業利益率の向上にかじを切るに当たり、推進の武器として位置付けたのが顧客別限界利益です（１０７ページ図25）。それ以前は、顧客の経済的価値をステータス（年間買い上げ額）だけで管理していました。

顧客一人ひとりに対し、「定価いくらの商品を購入したのか」「それをどのくらいの割引価格で購入したのか」「その際、どんなクーポンを使用したのか」「結果、粗利益はいくらだったのか」「何ポイント利用したのか」といったことを、顧客の一注文単位でひも付けしていきました。上記以外の変動費については、差し当たって売上高案分で見ることにしました。

こうしてデータを整備したところ、驚きの実態が明らかになりました。当該年度に購入履歴のあった顧客の25％強が「赤字顧客」だったのです。また、私どもが上位顧客として定義していた買い上げ上位30％の顧客も、4人に1人（約25％）が「赤字顧客」でした。参考までに、この赤字顧客が生み出す限界利益の赤字額は、限界利益の黒字額の約25％に相当する額でした。

皆さんの企業や団体でもありうるケースを書きましょう。リアル店舗とECで顧客IDを統合し、ポイントも共有されているとします。リアル店舗で購入時に付与したポイントをECで使用できるケースです（逆も可）。リアル店舗とECで別々にPL（損益計算書）が存在する場合、リアル店舗で購入時の付与ポイントを、ECでの購入時にドカッと使われると、ECの経費がグーンと上がることになります。

こんなケースも考えられます。値下げ商品を数多く買ってくれているので売上高は高いが、値下げ率が大きく、かつクーポンを上手に使っていることから、粗利益が低く、変動費などを差し引くと限界利益がマイナスになるケースです。

企業にとって利益の創出は非常に重要ですので、こうしたデータを見ながら「ポイントキャンペーンを乱発しすぎではないか」といった議論と対策をしていくことが望まれます。顧客別限界利益を見える化することは、それまでになかった方策を考えて、実行するチャンスになるのです。

多くの売り上げをもたらす顧客は、黒字であろうが赤字であろうが大切です。利益を創出できるかどうかは、企業側のマネジメントにかかっています。

顧客別限界利益のマネジメントも、顧客勘定ＰＤＣＡサイクルを推進するうえでの３要素に立脚して進めました。

・現状の可視化＆基盤整備　↓黒字顧客＆赤字顧客の実態把握
・目標設定　↓黒字顧客数増加目標＆赤字顧客数削減目標の明確化
・目標達成に向けた階段設計↓クーポンやポイント施策の見直し、売価の見直し

こんな具合に、売上高を伸ばすための顧客勘定ＰＤＣＡサイクルと同様に進めた結果、１年ほどで利益を大幅に増やすことができました。

赤字顧客が多い状態からの利益改善施策

どのような着眼点で利益の改善を図ったか、いくつか例を紹介しましょう。

まず、ポイント利用によって赤字になっている顧客については、ポイントを一度に使うか少しずつ使うか、どちらにしても瞬間風速的な赤字なので、あまりこだわらないでよいでしょう。ただし、ポイントキャンペーンの回数や規模が適切かどうかは、常に検証の必要があります。

顧客が赤字になる要因を突き止めることができた場合、施策としては2パターン考えられます。１つ目は顧客への個別アプローチを変えること。もう1つは全体の施策を見直すことです。

前者で分かりやすいのは、赤字顧客にクーポンを送りすぎないことです。赤字顧客の場合、クーポンで「負け」パターンに陥っているケースが多く見られます。赤字顧客へのクーポン送付を抑制する必要があります。実際これは利益改善にかなり役立ちました。

また、顧客の購入間隔を個票レベルで計算してパターン化し、その期間内に購入がなければクーポンを送付するというように見直すことも有効です。私どもは最終購入から30日、

送料無料にする購入金額の設定で採算が変わってくる（写真／Shutterstock）

60日、90日でクーポンを送信しましたが、最初に購入した商品によって2回目の購入タイミングに差があることを発見できたので、送信間隔の見直しも実施しました。

配送料が無料になるギリギリの1回単価で購入することで赤字になっている場合は、その顧客に1回の購入単価を上げるようなクーポンを送ることも実施しました。配送料は変動費扱いですが、企業側が負担する配送費の比率は高まりますので、1回単価を上げるための工夫も有効です。

経費率の高い決済方法を好んで使う顧客には、「この決済方法を利用すればクーポンorポイントを進呈」といったオファーを出すことで決済方法の変更を促し、やはり利益改善につながりました。つまり、赤字顧客が赤字になっている要因を特定することで、その抑制や変更を促す手を打つことが重要です。

もう1つの全体施策の見直しはどうでしょう。赤字顧客の多くが、値下げと値引き双方を活用しているなら、値下げ商品はクーポン対象外にするといいでしょう。多重値下げをやめることから取り掛かってみましょう。

ポイント利用とクーポン利用の双方で赤字になっている顧客が多い場合は、ポイントキャンペーンの開催タイミングと、クーポン利用期間をずらす必要があります。ポイントの有効期間はクーポンよりもたいてい長いので、付与後いつ使われるかは分かりませんが、大きなクーポンの有効期限内にポイントキャンペーンを開催すると、ダブルで使われるケースが多いことが分かりました。価格施策は極力ずらしていくことが、赤字顧客を減らすうえで重要です。

3-2

売り上げ＆利益を多角的に見ることの重要性

店舗勘定、ジャンル勘定、売り場勘定、施策別勘定…

売上高と利益は、他にもさまざまな観点で分解することができます。例えば多店舗展開している小売業なら「店舗勘定」。本店、支店A、支店Bなど、各店舗の売上高と利益の合計は全社の売り上げ＆利益とイコールになるはずです。

「ジャンル勘定」という分け方もあるでしょう。百貨店なら、婦人服、婦人雑貨、紳士服、子供服、インテリア、趣味雑貨、食品など、各ジャンルの売上高、利益の合計も全社の数字と一致します。もっと細かい単位では、「売り場勘定」もあるでしょう。各売り場それぞれの売り上げ＆利益を算出し、その合計で考える手法です。

切り口を変えると「施策別勘定」という考え方もあると思います。これは通常の定価販売なのか、バーゲンによる販売なのか、催事なのか、外販なのか、さまざまな施策の切り口から売上高と利益を見ていくやり方です。

私の経験上、このように売上高、利益を分解しきれている企業はそう多くないようです。企業全体としての売り上げ&利益は管理していても、それがどのような構成要素で出来上がっているかまでは可視化できていません。これではどこに利益の源泉があり、どこに課題があるのか、把握が難しくなります。

可視化できない理由はどこにあるのでしょう？　売上高や人件費、家賃など、積み上げることができる数字については、多くの企業が把握しています。ただ広告宣伝費や消耗品費など、売り上げに正比例しているのかよく分からない変動費や、共有部分の減価償却費など、どのように案分してよいか分からない経費をどうするかが社内的に決まっていないことが、可視化のボトルネックになっているようです。

やや乱暴な言い方になりますが、分かる範囲でまずはやってみる、案分が困難な費目についてはルールを決めてやってみるのもありだと思います。売り上げ&利益を商品の観点だけでなく、顧客から、その他さまざまな観点から分解してみることで、どこに成果、課題があるのかが多面的に見えてきます。多面的に見える化することが、打ち手の多様化を促進し、目標達成に向けた道筋がつくことになるのです。

「悩んだらお客さまに聞け」の意味

ビジネスでは業種業界を問わず、顧客と商品を知り尽くすことが成長に欠かせません。「悩んだらお客さまに聞け」という言葉があります。ユーザー・顧客が口にしたことのみならず、その購入実績や行動から、顧客自身が気づいていないことも含めて企業側が気づくことが重要です。

ユーザーが検討段階でどのような行動を取ったか、実際にどんな商品をいつ、いくらで何回購入したか、店舗についてどんな情報を発信したか……私はすべての情報を知りたいと思っています。知ることによって、ユーザー・顧客に対応できること、提案できることが増えると確信しているからです。ユーザー・顧客を見える化することで、打ち手の量が増え、質も高まっていくのです。

もっとも「お客さまに聞け」は、顧客の言うがままに従うことではありません。グループインタビューなどで好評だった新商品案を実際に商品化してみたら鳴かず飛ばずだった事例は枚挙にいとまがありません。

リアル店舗とECのシナジー

ここまでECの話をメインにしてきましたが、リアル店舗とECを両方展開している企業であれば、双方を併用している顧客が相当数いると思いますので、リアル店舗とのシナジーについて触れておきたいと思います。

私が考えるリアル店舗の強みは、「体験性」「コンビニエンス性」「ショールーミング性」の3つです。商品を手に取れるリアル店舗は体験性で圧倒的に優位です。コンビニエンス性は、今すぐ欲しい・必要な商品を即座に入手できること。ショールーミング性については、「リアル店舗で見てネットで買うこと」と思われがちですが、リアルで見てそのままリアルで買うこともショールーミングだと私は考えています。実物を見て触ってその場で持ち帰れるぶん、ECよりも購入の意思決定がスピーディーなのは強みです。

ECはECで、もちろん優位性を持っています。リアル店舗とECの双方を持つ企業は、これを有効活用しない手はありません、情報収集&検討→購入→配送・受け取り→使用という一連のカスタマージャーニーにおいて、企業が保有するチャネルをシームレスに活用できる「オムニチャネル」を実現したいところです。

リアル店舗とECのデータ&情報統合

ある顧客の年間購入額が3万円だった場合、そのデータだけでは上得意客かどうかは分かりません。全体売り上げの80%を占める上位30%の顧客の年間購入額の下限が2万円であれば、年間3万円購入する顧客は上得意客であるという「情報」になり、数字が意味を持って判断を下す材料になります。リアル店舗とECでID統合やポイント統合が進んでいても、例えば双方で上位顧客の定義が違っていたり、片方には定義がなかったりしたら、情報の統合ができていないことになります。

顧客がリアル店舗とECの双方を活用することの効用は、企業にとって大きいものがあります。双方1客単価の比較という観点でも大きな意味を持っている、ということが数々の企業で立証されています。

あるファッションブランドでは、ECでのみ購入している顧客の平均1客単価がA円、リアル店舗だけで購入している顧客の平均1客単価も約A円でした。ではECとリアル店舗の双方で購入している顧客の平均1客単価はどうかというと、ECまたはリアル店舗限定の顧客の実に4倍に上る1客単価になっていました。ECでEC限定客の約2倍、リアル店舗でもリアル店舗限定客の約2倍、購入していたのです。ECとリアル店舗双方のチャネルを顧客に利用してもらうことがいかに重要か、ご理解いただけるかと思います。

顧客にECとリアル店舗をシームレスに行き来してもらうオムニチャネルを構築するには、データのみならずセグメントやステータスなどの基準を合わせる、いわば情報化を双方共通で進めておくことが必要です。リアル店舗とECは別事業部になっているケースが多いと思いますが、その場合には横串組織であるマーケティングセクションが責任部署となって、かじ取りをする必要があります。CMO（最高マーケティング責任者）的な立場の方がいる組織であれば、CMOが率先して顧客勘定PDCAサイクルを推進することが望ましいと思います。

第4章

検討行動を捉える「状況ターゲティング」

操作マーケティングから真のロイヤルティーマーケティングへ

顧客の離反とランクダウンによって売り上げのかなりの比率が消滅していた状態から、顧客勘定ＰＤＣＡサイクルのフレームワークを実践し、セグメント別、ステータス別に顧客維持施策、育成施策を打った結果、劇的に改善できたのは前述の通りです。

ただ、越えられなかった１つの壁がありました。離反客およびランクダウン客による逸失額が売り上げに占める比率を何とか減らそうと努めましたが、改善できたのは着手した２０１１年度から15年度まで。さまざまな施策を考えては実行したことで、16～18年度も全体の売り上げは順調に伸長し、維持数、ランクアップ数、新規顧客獲得数も絶対値は伸びましたが、離反&ランクダウンによる逸失額の売上高比は、目標のラインで一進一退が続き、頭打ちの状態でした。

AIって大したことない？

そんな課題を抱えていた18年度のある日、コンサルティング会社からAIツールの提案を受けました。「課題があればAIを活用して解析します」ということだったので、「顧客の離反、ランクダウンを抑止したい」「離反しそうな顧客の特徴、維持できそうな顧客の特徴が分かるとありがたい」と伝え、分析をお願いしてみました。

顧客ランク策定のメイン指標に用いていたRFM分類の実データを渡し、何回かの質疑応答を経て、レポートをもらうまでに1カ月ほど要したでしょうか。結果は……

・離反しそうな顧客の特徴→RFMが相対的に低い顧客は離反する可能性が高い
・維持できそうな顧客の特徴→RFMが相対的に高い顧客は維持できる可能性が高い

正直、私は椅子から転げ落ちそうになりました。「当たり前じゃないか！」。この結果を聞いて、私はさらに悩むことになりました。「AIを活用しても予測できないのか」「AIって案外大したことないのかも」「他に何か手立てはないものか」……。越えられない壁がさらに高く感じました。

顧客データが圧倒的に足りない

そんな矢先、マーケティング業界のカンファレンス「アドテック2018」で、ヤフー川辺健太郎社長の講演「データドリブンの本質とマーケティングのこれから」を聴講する機会がありました。

「ユーザーがサービスを利用し、データが蓄積され、それをAIで解析することで、人間が気づき得なかった気づきを得る。それをサービスに反映すると、ユーザーの満足度が向上して利用の度合いが高まり、さらに改善が進む」

「サービスを設計してデータを蓄積するというより、むしろデータを蓄積するためのサービスを設計するべきである」

この2フレーズが今も強く印象に残っています。AIが悪いわけではなかったのです。問題は、顧客のデータが圧倒的に足りていないことだと気づいた瞬間でした。

客単価や客数、購入行動といったデータを収集して、それなりに情報化を進めていたつ

【図26】操作マーケティングから
真のロイヤルティーマーケティングへ発想転換

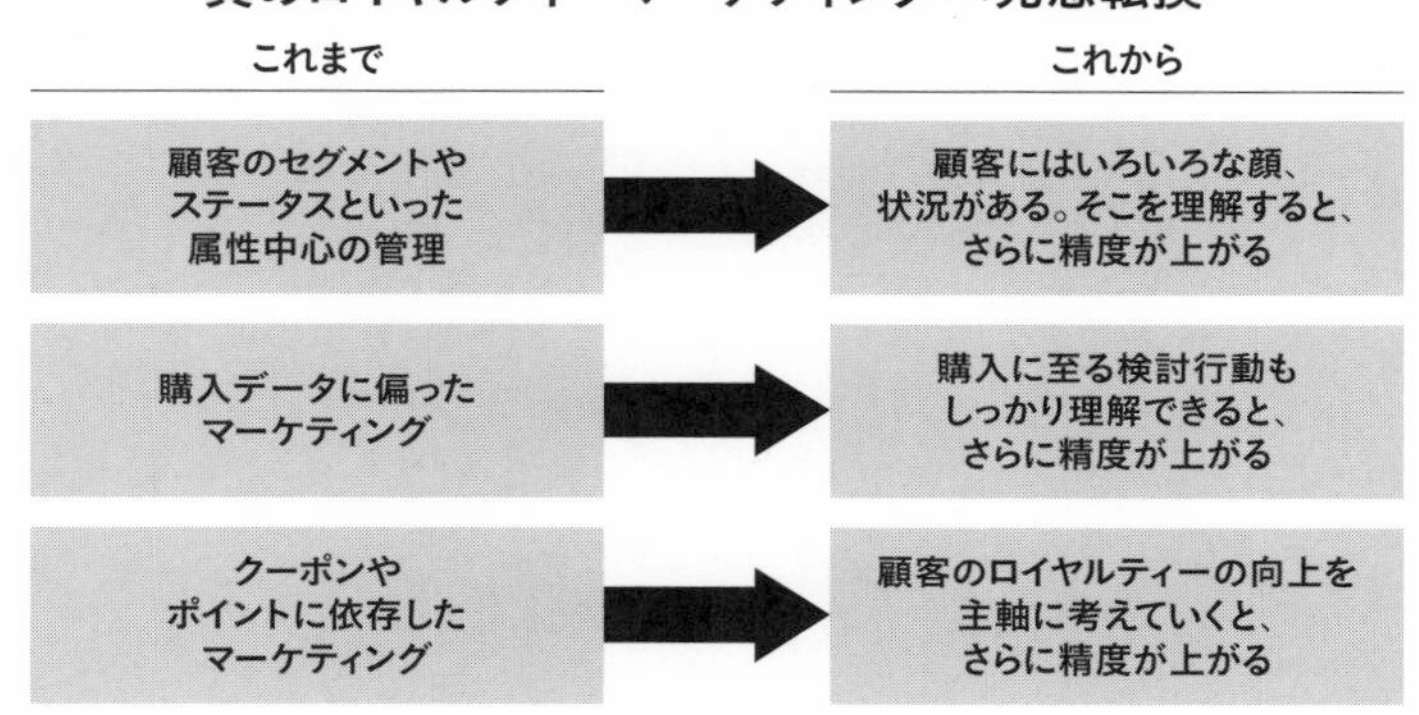

もりでしたが、購入の前段階の「検討」行動を見ることや、顧客同士の接触とその影響について考えることは、ほぼ未着手でした。

クーポン依存＝操作マーケティングが頭打ちの原因？

顧客が閲覧したページに基づいてレコメンドは実施していましたが、閲覧回数、閲覧時間および時間帯などもきちんと把握が必要です。良かれと思って打った施策が、実はユーザー・顧客にストレスを与えてしまっていないか、ユーザー・顧客の理解がまだまだ不十分なのではないかと考えるに至りました。一度チラ見しただけ、あるいは誤クリック（誤タップ）したばかりに執拗に追いかけてくる不動産物件のリターゲティング広告のような〝うざい存在〟になってしまっては逆効果です。

クーポンやポイントに依存したマーケティングになっていたことも大きな反省点です。私自身、そうした取り組みを揶揄（やゆ）して「操作マーケティング」と呼ぶようになりました。一定の効果があるだけについつい手が伸びるのですが、購入のきっかけになると同時に離反の引き金になっている可能性についても考慮する必要があります。

こうして、データ不足と施策のワンパターン化が、離反抑止の頭打ちを招く要因と考えるに至りました。操作マーケティング一辺倒を脱し、顧客ロイヤルティーの向上を主軸に考えていく必要があるという確信を抱くようになりました（125ページ**図26**）。

4-2

「アフターデジタル」を目の当たりにする

ベストセラー書籍『アフターデジタル』(日経BP)の1冊目が発売になったのは2019年3月でしたが、実はその直前、中国・上海に行く機会を得て、著者の藤井保文氏から話を聞くことができました。

国内企業の多くは、デジタルを「リアルに付随したもの」として活用しがちです。ところが「オフラインのない時代」であるアフターデジタルの世界では、デジタルを起点として、レアで貴重なリアル接点を効果的に生かす方法を考えるようになります。これがアフターデジタルの考え方です(128ページ**図27、28**)。

アフターデジタル、およびOMO(オンラインとオフラインの融合)というと、個人情報の提供に対する抵抗感が比較的薄い中国の国民性や国家体制の話に発展して、どこか他人事になりがちな面があります。ところが実際は、アフターデジタル的な取り組みは国内でも既に随所で進んでいます。

【図27】アフターデジタルの世界観

リアルとデジタルの主従関係が逆転し、あらゆるタッチポイントがデジタルに包み込まれる時代に移行

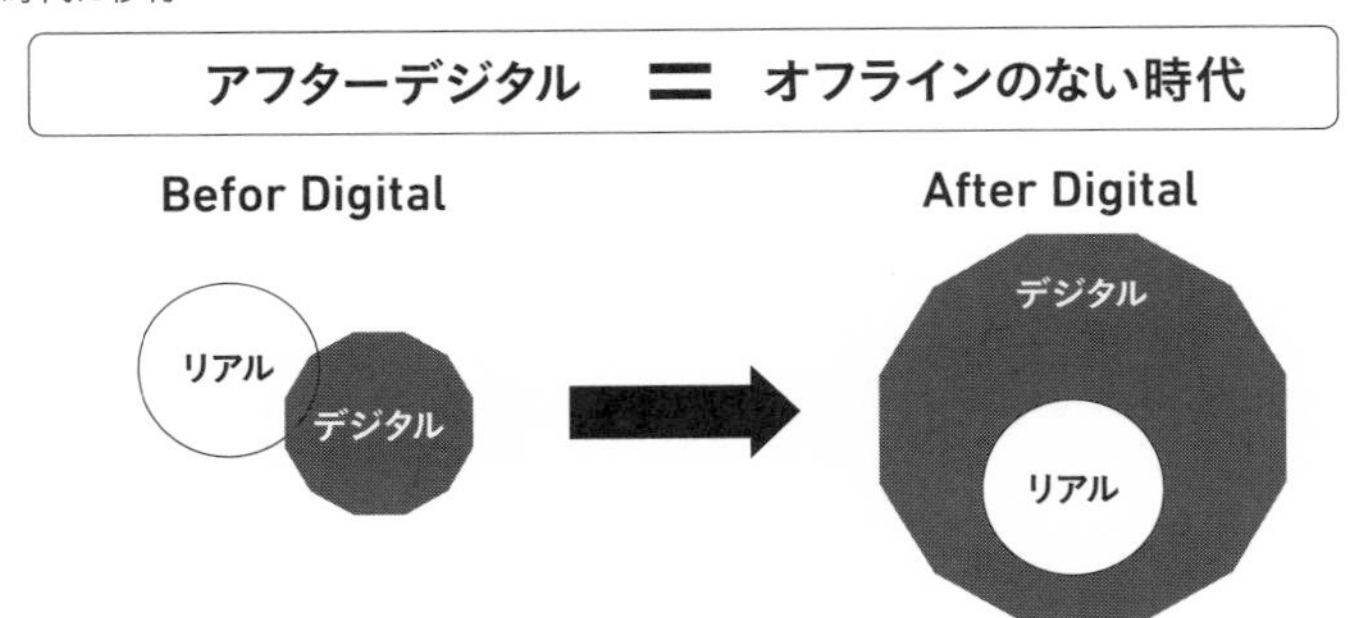

出所：ビービット2019年営業資料「リアルとデジタルの主従関係は逆転」

【図28】OMOの概念

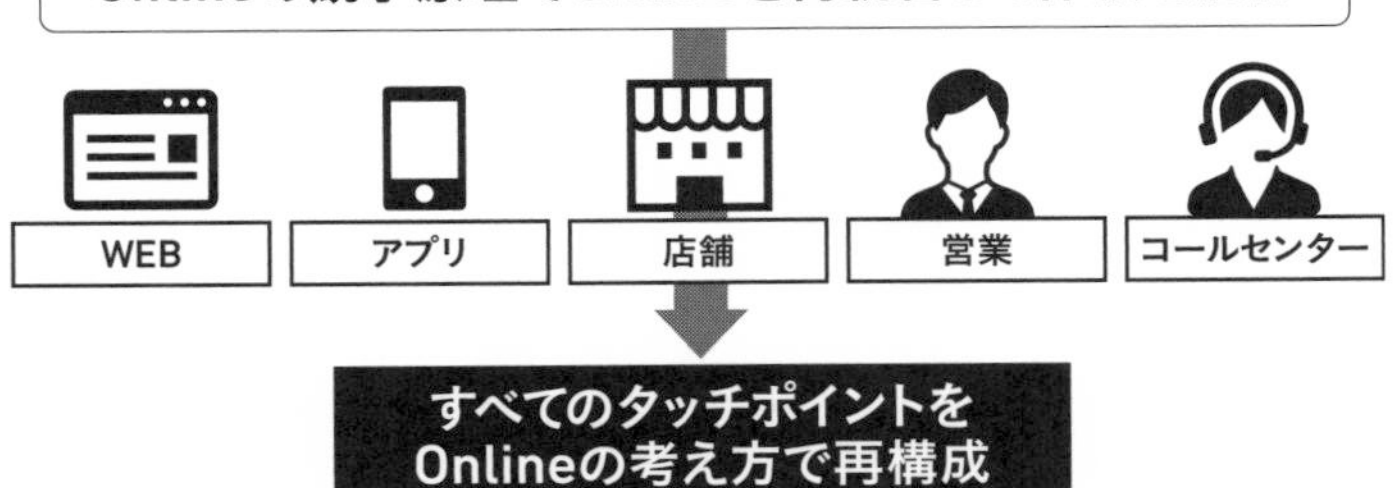

出所：ビービット2019年営業資料「オンラインの競争原理でオフラインを統合」

例えば自動車保険。これまでは、ひとたび契約したら、損害保険会社と接点を持つのは年1回の契約更新時や事故対応の場合で、没交渉であることがむしろ安全運転の証しでもありました。

それが近年は変わってきています。ドライバーの運転データを分析して保険料を算定するテレマティクス保険がその一つです。契約者の運転データを収集し、運転動向（傾向）と事故の起こりやすさの相関関係を、数億キロメートルの走行ビッグデータで分析。安全運転レベルをスコア化して、事故を起こす確率が極めて低そうな優良ドライバーには、保険料を割り引くサービスをしています。通信機能付きのドライブレコーダーを設置することで、事故頻発地帯ではアラートを出して事故を回避する機能もあるので、契約者の事故件数減少、保険金の支払いも減少、そこから保険料の値下げ、あるいはさらなる安全対策への投資が可能になります。

医療では、医師処方の「治療用アプリ」が認可されました。例えばタバコをやめたくてもなかなかやめられないニコチン依存症患者向けの禁煙外来では、3カ月ほどの間に5回通院しますが、通院日から次の通院日までの間は「治療空白」が生じます。スマホと連携する呼気チェッカーで一酸化炭素濃度を毎日測定できるアプリを処方すれば、そのデータ

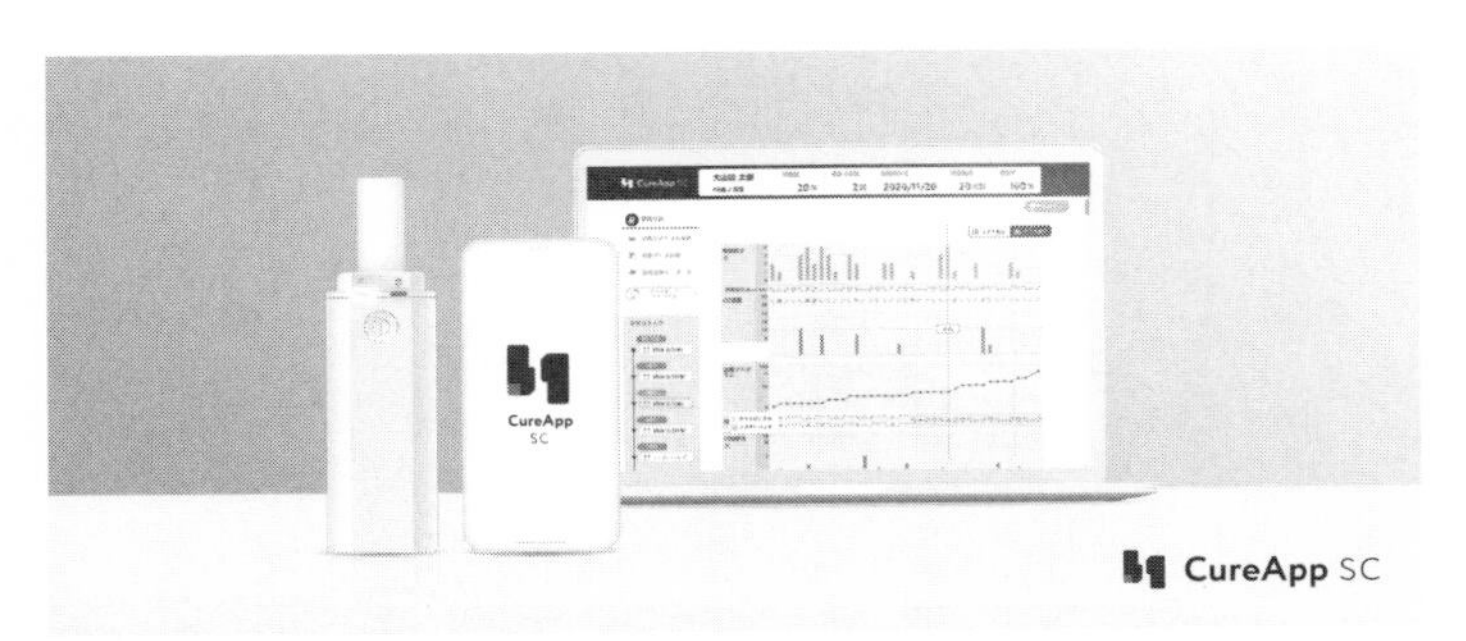

呼気チェッカー連動の治療用アプリで禁煙成功率がアップ（写真／CureApp）

を基にワン・トゥ・ワンの指導が可能になり、禁煙成功確率が高まります。

自動車保険も禁煙治療アプリも、膨大なデータを基に個々人に合った契約やサービスを提供し、事故頻発地域や、吸いたくなる時間帯といったリスキーな状況に差し掛かるとアラートを出すなど、常時サポートをしています。

自動車保険契約者の運転が丁寧なのか荒っぽいのか、禁煙外来患者が通院日以外も禁煙を守っているのか隠れて吸っているのか、今までなら把握しようがなかったことが見える化され、それがデータ化されて最適な商品やアドバイスを提供することで、ユーザーエクスペリエンスを高めていく。そんな好循環が既に稼働しているのです。

4-3

状況ターゲティングを知る

上海視察を終えた私は19年4月、藤井氏が勤務するビービット（東京・千代田）に入社しました。同社の主なサービスは、UXイノベーションに向けたコンサルティングと、分析／企画スキル向上・デジタル人材育成に向けたクラウドサービスである「USERGRAM」が2本柱で、私は後者のUSERGRAMに携わりました。

先に挙げた自動車保険や禁煙治療アプリで、「リスキーな状況に差し掛かるとアラートを出す」と記しましたが、アフターデジタルがビジネスにもたらす変化として、こうした「状況ターゲティング」が可能になったことが非常に大きいといえます。性・年代や購入履歴、そこから推測される嗜好といった属性ターゲティングの「次」が現れたのです。

例えば、東京在住のAさんとBさんが神戸に出かけるとします。Aさんが旅行予約サイト上で、神戸以外に京都、姫路、那智勝浦などで宿を検索しているとしたら、神戸が主目的ではなく広範囲で観光を考えていることが推察されます。一方、Bさんが神戸市内のビジネスホテルを検索しているなら、出張先の宿を探している可能性が高いでしょう。

こうした検討行動が把握できれば、観光目的と思われるAさんには、神戸に向かう直前に、神戸市立王子動物園、六甲ケーブル、マリンピア神戸などの情報を提供するとニーズに合いそうです。出張目的のBさんには、神戸市内の居酒屋情報やクーポンを提供すると喜ばれそうです。

神戸に向かうという行動は同じでも、AさんとBさんの動機は異なります。ビジネスなのか、観光なのか。観光なら家族旅行か友人との旅か。出張は1泊か週末も含むか……。状況によって行動は変わってきます。そうした状況を踏まえて施策を打つことが、状況ターゲティングです。以下、いくつかの事例を紹介します。

事例1　アパレル企業におけるメール配信時間変更

あるアパレルECの主顧客層は専業主婦で、メールマガジンを昼に配信していました。一定の反応はあったものの、より効果を高めたいことから、メール受信者の行動観察をしました。観察前は、「主婦層はお昼の時間帯がメールを見るのに最適」と考えていましたが、意外な事実が判明しました。

メールは送信直後のお昼に開封されていたのですが、そこからのサイト流入は昼よりむしろ夜の方が多いことが分かりました。日中は慌ただしく、じっくりサイトを見てもらえるのは夜と考えを改め、配信時間を19時に変更したところ、セッション数、およびメルマガ経由の売り上げが共に3倍にアップしました。このように思い込みとのギャップを発見することが大きな改善につながります。

事例2　イベント施設運営企業におけるメール配信先の変更

イベント施設運営企業の事例です。この企業が運営する施設は、公演内容によってチケットの売れ行きに差があり、とあるバレエ公演のチケット販売で苦戦していました。同公演の案内メールは、バレエ・舞踊公演の購入実績客を中心に送っていました。

何かよい打ち手はないかと、バレエ公演購入客のWeb上での閲覧行動を観察したところ、映画作品Aの詳細ページを頻繁に閲覧していました。調べたところ、映画Aとバレエ公演にはいくつかの共通点があることが見えてきました。この発見から、映画Aのページ閲覧者にバレエ公演の案内メールを配信したところ、開封率は以前の1・8倍、購入率は約9倍という結果をたたき出しました。検討行動の観察によってチャンスポイントを発見し、活用することができた事例です。

事例3 大手Webサービス企業における会員登録ページ遷移の変更

この企業の会員登録ページは、登録トップページ→個人情報入力1のページ→個人情報入力2のページ→確認ページという遷移で設計されていました。登録トップページアクセス者数に占める登録完了者の割合が低いことから、解析ツールで分析したところ、個人情報入力2のページで離脱が多いことが分かりました。入力項目が多すぎて面倒になるのか、「年収」のようなあまり答えたくない質問があるせいか、と当初は考えました。

そこで行動観察をしたところ、別の課題が見えてきました。個人情報入力2からの離脱者の多くが、その先にある「資料請求先の事業者の口コミページ」を何度も見にいっていたのです。そこで、各事業者の名称のすぐ横から口コミを確認できるようにレイアウト変更した結果、離脱は大きく減少し、資料請求完了数が倍増しました。

アクセス解析で検知した離脱は結果であって、原因までは分かりません。入力項目数をいくらか減らしても改善はできなかったでしょう。行動、状況の観察がいかに大事か、ご理解いただけると思います。

状況ターゲティングにおける2つの着眼点

状況ターゲティングで行動観察をする際、大切な着眼点が3つあります（136ページ図29）。

①「思い込みや想定と違う文脈」

「ユーザー・顧客はこんな行動を取るだろう」という事業者側の思い込み、勝手な仮説が「想定」です。実際の行動と想定の相違点に着目し、その理由を推察して、ギャップを埋める施策を立てる必要があります。

言うは易しですが、事業者側だけでは見落としやすいものです。理由は3つ。
1．ユーザー視点に完全には立てない

【図29】UX改善の3つのポイント

1 「**思い込みや想定と違う文脈**」に着目する
ユーザーが来訪する文脈について、思い込みや想定との違いが無いかを確認する

2 購入行動だけでなく「**検討行動**」を捉える
“買うまでにこんなに悩んでいる”という行動を見つける

3 「**量**」を踏まえて判断する
施策実行に値するだけのインパクトがありそうか推定する

出所：ビービット2019年営業資料「USERGRAMでの観察、施策立案のポイント」

あるクライアントで実際にあった話。会員向けページに「パスワードをお忘れの方へ」という記載をしていたのですが、なぜか多くの会員がいったん他のページに飛んで数ページ見てから「パスワードをお忘れの方に」をクリックしているケースが発見されました。ファーストインプレッションではっきり視認できる場所に配置を変更することで改善されましたが、事業者側だけではなかなか改善が難しいケースです。

2．改修費や費用対効果を考えてしまう

改善ポイントを見つけたとしても、コストやコスパが気になり、見なかったことにするパターンです。顧客と事業者側で、優先順位のズレが起こりがちです。

3．改善して間もない箇所は改修ポイントから外れる

「つくったばかり」「直したばかり」の箇所であるかどうかは、利用者側には関係ありません。ここも事業者側の都合で見落とし、スルーがよく発生します。

②購入行動だけでなく「検討行動」を捉える

「商品AとBの間を行ったり来たり」「Aの色選びに悩んでいる」……。検討行動は購入結果に比べて圧倒的にデータ量が多く、〝宝の山〟です。検討行動の見える化は、顧客理解に基づく施策を打つに当たって、大きな進歩といえます。

アパレルECの場合、黒・白・グレーの服を買うことが多いAさんとBさんがいた場合、購入履歴ベースの施策なら2人は同一カテゴリーに属します。ところが、Aさんは色に迷いなく購入、Bさんはカラーバリエーションをいろいろチェックしたうえで最終的にいつものモノトーンを選択している場合、2人へのアプローチは異なってきます。カラーバリエーションのチェック行動は、「気に入った色味があれば着てみたい」というBさんの「声なき声」として活用できます。Bさんがアクセスした際に派手めな色の服を提示して反応を見てみる価値はあるでしょう。これが購入履歴だけでは見えてこない面白さです。

③「量」をふまえて判断する

①あるいは②を発見しても、それが極めて少数例であれば「例外」になります。施策実行に値する規模があるかどうか、見極めましょう。

全体の数字より「個票」を重視

デジタルマーケティングに関わっている方であれば、グーグル・アナリティクスなどアクセス解析ツールのレポートに目を通されているでしょう。では、ページビュー（PV）やセッション数などの数字から、何か施策、企画を思いついたことはあるでしょうか？

PVなどの数字は交通量と似たところがあります。全体の把握には有用ですが、施策立案にはなかなかつながりません。アクセス解析や、広告測定ツールなどからアウトプットされる数値を、私は「結果系の集合知」と呼んでいます。その数字だけでは、前回より何が良くて増えたのか、何が悪くて減ったのか、よく分かりません。そのため、勘や経験、競合の真似、上司の思いつきで企画が立ち上がり、失敗する例が後を絶ちません。

とはいえ、ユーザー・顧客全員の行動を観察することは不可能です。セッション数やコ

【図30】同じ商品を買っている場合の状況の違い

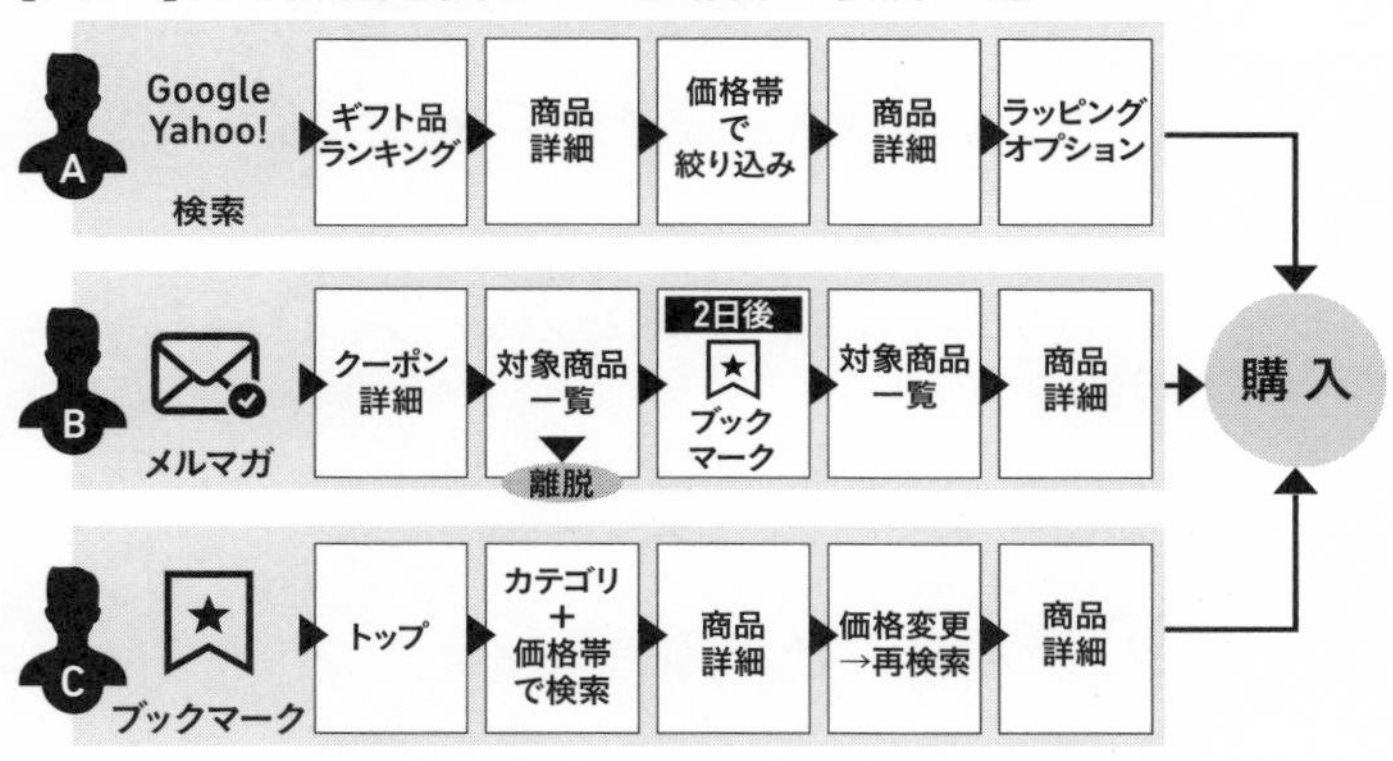

出所：ビービット 2019年営業資料「購入に至る画面遷移の違い」

ンバージョンまでかかった時間などのパターンから、代表的なユーザーを選んで、その行動（個票）を見る必要があります。

例えば少々値段の高い腕時計を購入した3人の行動を観察するとしましょう（図30）。

- **顧客A：検索エンジンで商品名を検索、ギフトランキングを参照しラッピングオプションを選択、購入**
- **顧客B：クーポンDMきっかけで来訪。クーポン対象商品をブックマーク。複数の商品から腕時計を選択、購入**
- **顧客C：腕時計の商品ページをブックマーク。どの腕時計にするかを検討した結果、ボーナス一括払いで購入**

Aさんはギフト用で、どこで買うか迷いな

【図31】成功者を見るということ

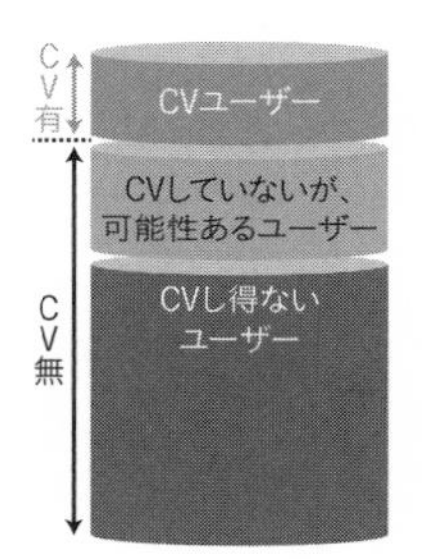

出所：ビービット 2019年営業資料「何とかCVしたユーザーに改善ヒントあり」

がら購入。Bさんは自分用にクーポンを使って何を買おうか検討した結果、腕時計を購入。Cさんも自分用で、ここで腕時計を買うことは決めていて、どの腕時計を買おうか検討して購入しています。購入履歴だけでは3人は同じ腕時計を購入した人ですが、検討行動からユーザー心理を推察することで、状況が浮き彫りになります。このように購入の背景や心理を踏まえた施策を打つのが状況ターゲティングです。

買わなかった人は無視

行動観察では「成功者を見る」、つまり何らかのコンバージョン（CV）をしたユーザーの行動を見てください。CVしていないユーザーのデータは見ない、無視します。

買わなかったユーザーのデータを見て理由を探りたくなりますが、そこには落とし穴がありますす。もちろん、ECサイト側に不備や問題点があって買わなかった可能性はありますが、ボリューム的には「特に理由なくそのときは購入しなかった」というデータが圧倒的多数を占めます。自身の行動を振り返っても、ECサイトを閲覧していて、購入完了に至らない商品の方が断然多いでしょう。買わなかった理由を問われても、答えようがないケースが多いのではないでしょうか。無関心を深堀りしても解にはたどり着きません。

その点、成功者=購入者の行動の中には、すんなり購入できた顧客の他、苦労の末にやっと買えたという、想定外の行動も見えてきます。それがネックになって購入を断念したユーザーもいたことでしょう。これこそが改善ポイントです（図31）。

行動観察の「思考のフレームワーク」

行動観察を実施するうえで、もう一つ大切なこととして、「思考のフレームワーク」を変えることが挙げられます。

【図32】操作マーケティングの思考プロセス

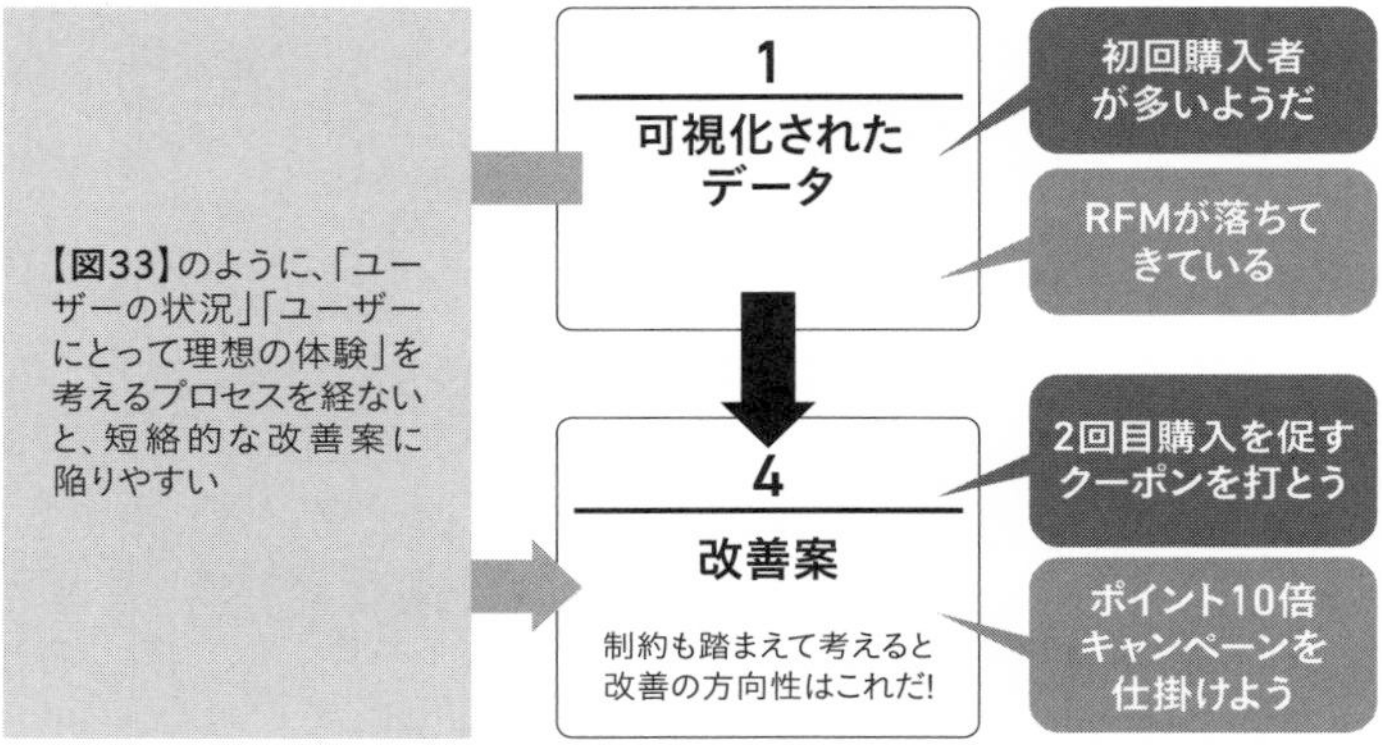

【図33】のように、「ユーザーの状況」「ユーザーにとって理想の体験」を考えるプロセスを経ないと、短絡的な改善案に陥りやすい

1
可視化されたデータ

初回購入者が多いようだ

RFMが落ちてきている

4
改善案
制約も踏まえて考えると改善の方向性はこれだ!

2回目購入を促すクーポンを打とう

ポイント10倍キャンペーンを仕掛けよう

出所：ビービット 2019年営業資料「可視化されたデータ→改善案の危険性」

従来の操作マーケティングの考え方では、「購入1回限りの顧客が多い」「最近、全体的にRFMが落ちてきている」といった場合、「2回目の購入を促すクーポンを打とう」「ポイント10倍キャンペーンを実施しよう」となりがちです（**図32**）。必ずしも悪い施策ではありませんが、連発すれば効きが悪くなり、利益を圧迫。顧客の中長期的なロイヤルティー向上につながるか疑問です。

そこで思考のフレームワークを変えます。例えば「新型コロナ感染対策としてレストランを20時までしか営業できない、酒類も提供できない」「人流を減らすようにお達しが出ているため、なかなか来店してくれない」といった外食を取り巻く環境、既存店売上高前

【図33】ロイヤルティーマーケティングの思考プロセス

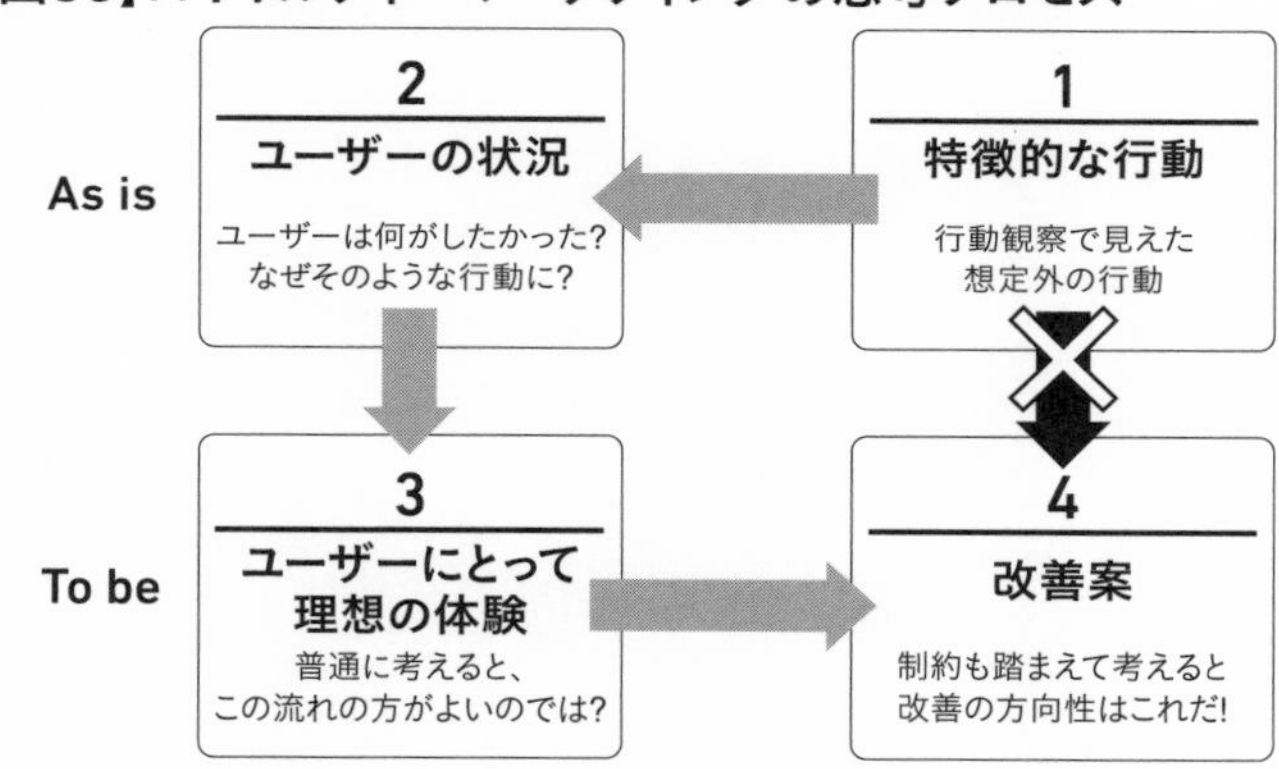

出所：ビービット 2019年営業資料「ユーザーに寄り添った思考プロセス」

年同月比大幅マイナスといった状況に対して、「ユーザーの状況」「ユーザーにとって理想の体験」という枠組みをはさみ、その後に改善案を出す形で考えてみます（図33）。

感染リスクを考慮して来店を控えているのが「ユーザーの状況」ですから、店内飲食メニューの割引クーポンを乱発しても、あまり効果は見込めないでしょう。それでもコロナ前と変わらず1日3食、食事はしています。テレワークやオンライン授業で家族の自宅滞在時間が長く、食事の用意が負担になっているでしょう。そこで、一部のメニューで実施しているテークアウトの売り上げを見ると、唐揚げがトップでした。唐揚げのテークアウトをもっと強く打ち出して、買い物に出たついでに立ち寄って購入できるようにすれば、食事準備の負担軽減という「理想の体験」を提供できそうです。

実際、すかいらーくグループはコロナ禍の20年、唐揚げ専門店「から好し」をファミリーレストラン「ガスト」内に併設する策を打ち出し、全店で対応しています。

可視化された数字、情報だけをベースに施策立案するより、状況をきめ細かく観察、推察して改善案を考える方が、ユーザー・顧客のロイヤルティー向上につながる施策案が出やすくなるはずです。

行動観察で分かる「削ってOKな経費・NGな経費」

経費の削減を考える場面でも、行動観察は役に立ちます。紙のカタログとECサイトの双方を持つ通販企業を例に挙げます。

実際、同業種からは、「紙のカタログを減らしたいが、売り上げが下がらないか心配」「社長が『紙全廃』を宣言しているが本当に大丈夫なのか？」といった声が上がります。これはユーザー・顧客のWeb上での行動を可視化することで方向性が見えてきます。

【図34】削ってもいい経費、いけない経費

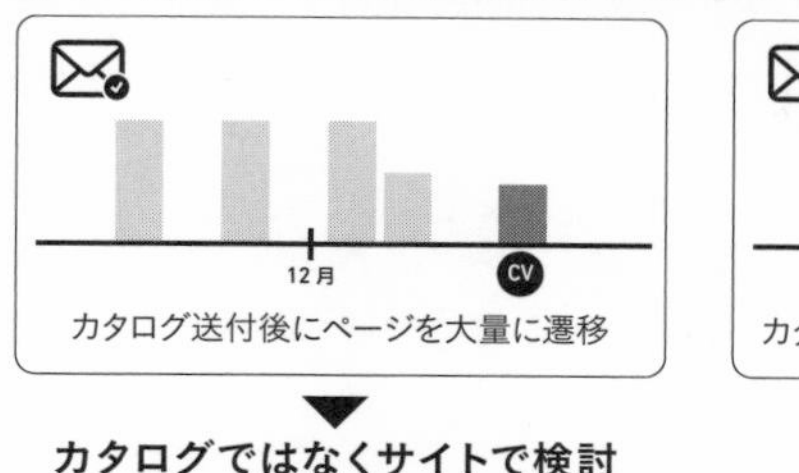

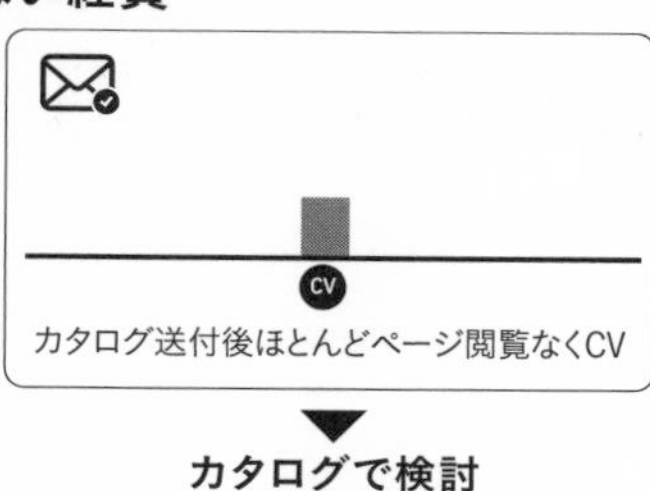

カタログではなくサイトで検討
カタログを減らしても影響小

カタログで検討
カタログを強化すべき

行動観察によって、根拠ある判断ができる

出所：ビービット 2019年営業資料「サイトとカタログでの検討状況」

例えば、「紙のカタログを送付した後に、ECサイトを大量に見ている」場合は、ユーザー・顧客は「カタログよりもサイト上で検討している。故に商品満載の豪華なカタログではなく、サイトへの誘導を主目的とした簡素なカタログに変更してもよさそう」という判断ができます。削ってもいい経費を可視化できるのです（**図34**）。

一方、「紙のカタログを送付後、ECサイトのページをほとんど見ることなく購入している」場合、ユーザー・顧客は「紙のカタログでじっくり検討している、むしろ紙のカタログを強化した方がよい」という判断になります。削ってOKな経費・NGな経費が分かるのです。

【図35】UXデータサイクルのモデル

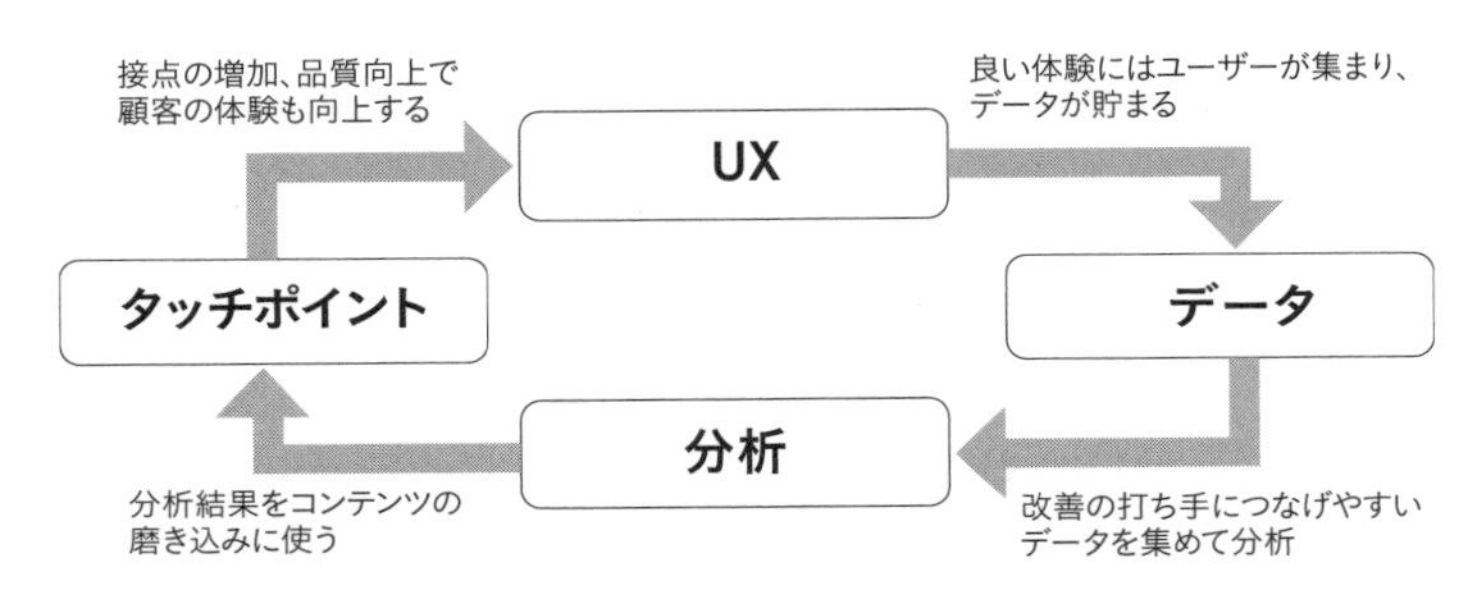

出所：ビービット 2019年営業資料「データから良いUXをつくっていくサイクル」

UX企画力向上がもたらすもの

事実を観察し、思い込みとの差異を抽出して、その背景を推察して、施策を立案・実行する。この一連の活動は「UX企画力」の向上を目的としています。

私は、UXを向上させることがマーケティング施策を立案する際の最上位概念であると考えています。UXがデータとして蓄積され、それを分析して、タッチポイント（ユーザー・顧客との接点）を改善することで、UXが強化されていきます（**図35**）。タッチポイントは、リアル店舗であれば立地、営業時間、店舗環境、売っている商品、価格、販促など。EC

【図36】企画立案、実行、評価のサイクル

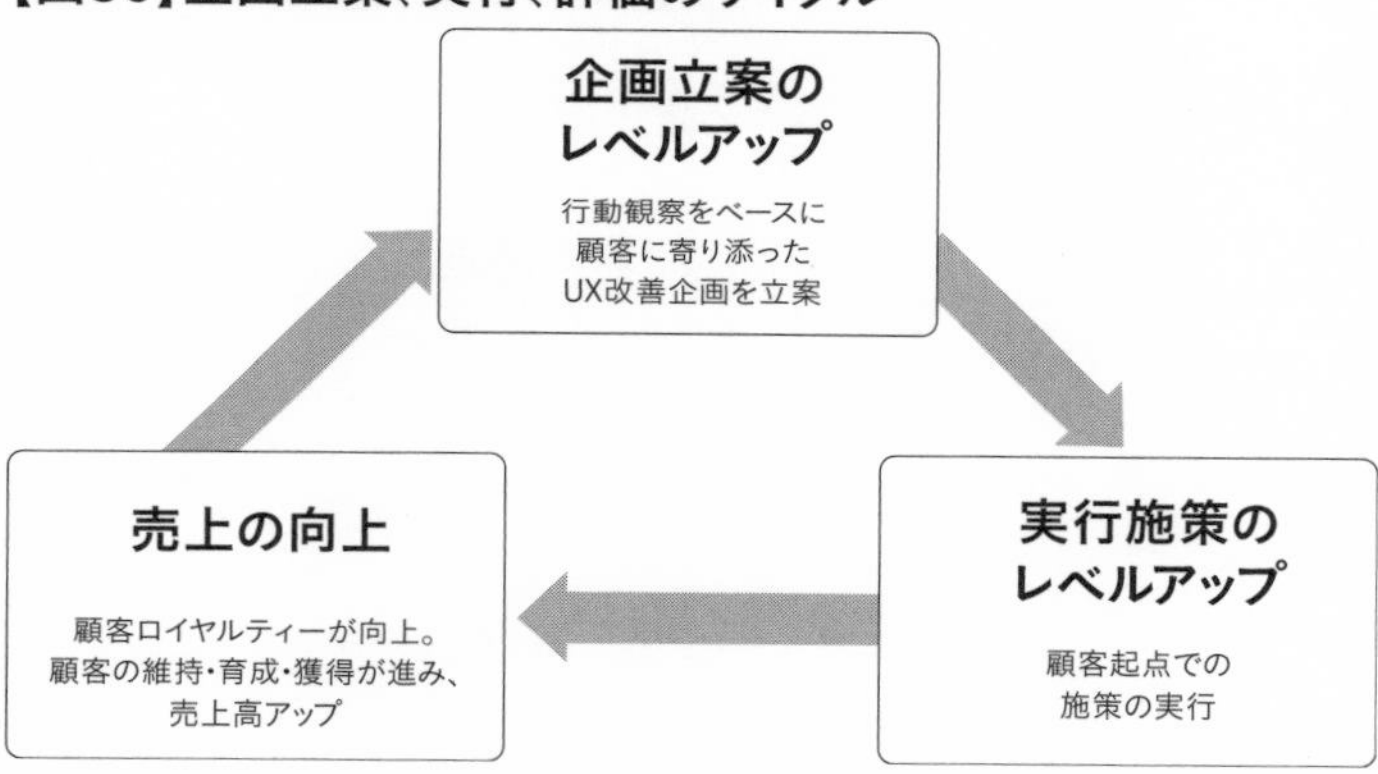

出所：ビービット 2019年営業資料「企画、実行施策のレベルアップが売上向上につながる」

であれば検索からのアクセスの良さ（SEO）、UI、決済、物流、コンタクトセンターといった項目が挙げられるでしょう。

UXをデザインするということは、あらゆるタッチポイントをユーザーにとって最上のものにしていく取り組みです。モノかコトか？ではなく体験こそがすべて。マーケティング施策とはUXを向上させるものでなくてはなりません。ユーザー・顧客の行動観察によって状況ターゲティングが可能になり、UX企画力が向上すると、施策が飛躍的に顧客起点になるため、実行施策もレベルアップ。顧客勘定PDCAサイクルが進んで売り上げ・利益が向上するという、ゴールデンサイクルが完成するのです（**図36**）。

第5章

顧客ロイヤルティー向上で LTVを最大化している 先進企業事例

5-1

富士フイルム

出産→七五三→入学、子供の成長にアプローチ 年賀状に載せなかった写真は〝宝の山〟

富士フイルムは、その社名の通り写真用フィルム事業を主軸とする企業だった。だが過去形で記したようにそれは20世紀までの話。フィルム事業はかつて同社の売上高の6割、利益の3分の2を稼ぎ出していたが、その需要は2000年をピークに急減。06年には半減し、10年には10分の1規模にまで縮小した（図37）。

10年で市場が10分の1以下に、本業喪失の危機乗り越える

世界最大のフィルムメーカー、米イーストマン・コダックが破綻に至るほどの本業喪失の窮地に立たされながらも、富士フイルムは事業ドメインを柔軟に変容させて成長を続け

【図37】カラーフィルムの世界総需要推移

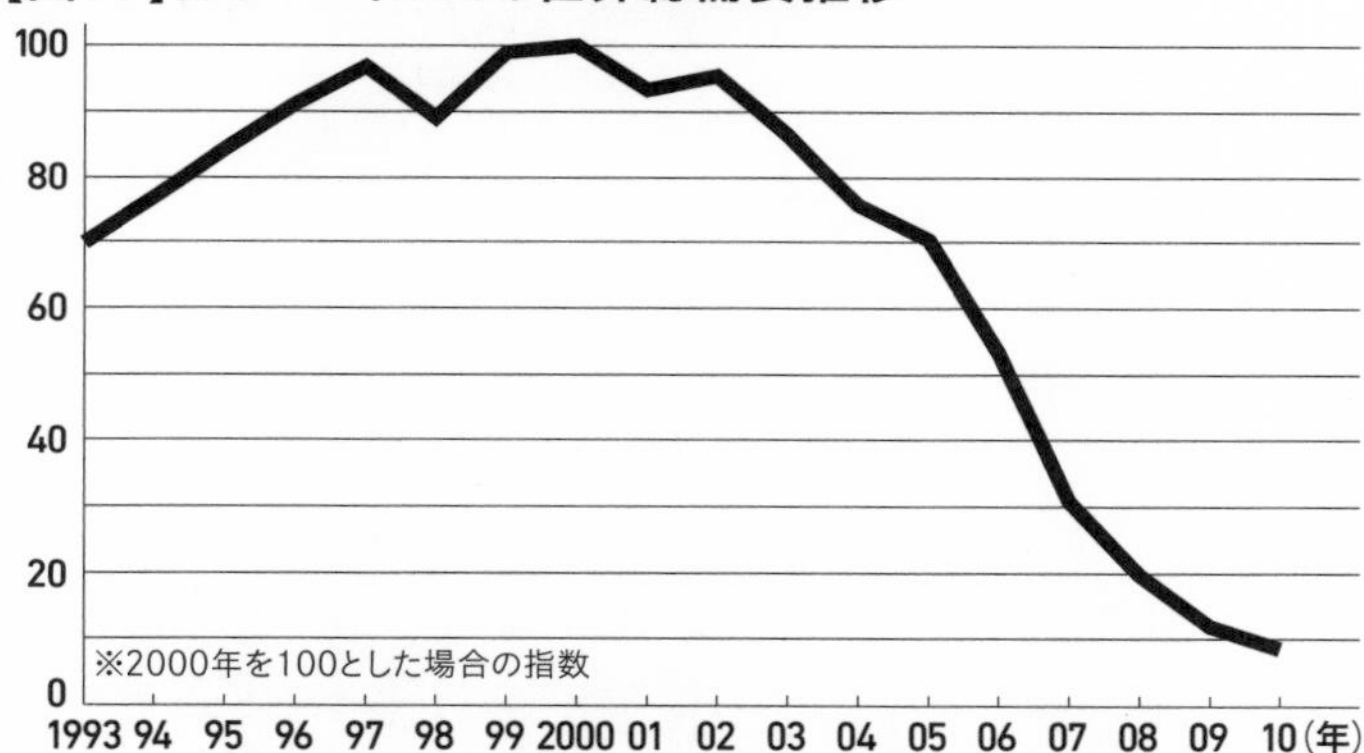

出所：富士フイルムホールディングス　イメージングソリューション事業説明会資料p5（2018年3月22日）

ている。フィルムや印画紙など従来の写真関連ビジネスで培った技術を転用・応用し、液晶用フィルムのような成長中の市場を開拓したり、X線フィルムで接点のあった医療向けにレーザー内視鏡を提供したり、化粧品・サプリメント事業に進出したりと、既存技術を棚卸ししたうえで事業ドメインを再構築したことが、富士フイルム2・0ともいえるトランスフォームに成功した要因だ。

もっとも、既存技術を転用・応用して商品・サービス化できることと、それが実際に売れることとはイコールではない。特に化粧品のような既存の大手各社がしのぎを削る激戦区は、富士フイルムという知名度があろうともそれだけで買い続けてくれるような容易なマーケットではない。

既存顧客に注力して伸びた「アスタリフト」

同社のスキンケアブランド「アスタリフト」シリーズは、07年の発売以降、松田聖子と中島みゆきが登場するテレビCMなどが話題になり、売り上げを伸ばしていったものの、リピーターを維持・育成するよりも新規顧客拡大に注力した結果、多くの離反が起きていた。

そこで11年、アスタリフトを管轄するライフサイエンス事業部でEC事業見直しに着手。まずは購入者の熱量が最も高い初回購入時の商品が届いたタイミングで、購入のお礼と「これからパートナーとしてアスタリフトが寄り添っていく」旨のメッセージを送信するところからスタート。タイミングを見計らって2回目の継続購入を促進するメールを打つなど、購入時間・曜日といった情報を基に約300のプログラムを用意して、ワン・トゥ・ワンマーケティングを展開した。結果、既存顧客の維持・育成への注力が奏功し、2年で売り上げ5倍増の成果を上げた。

こうした成功例を部門横断的に共有して展開すべく、13年にe戦略推進室（現デジタルマーケティング戦略推進室）の人員体制などを強化。デジタルマーケティングの取り組みがそれぞれの事業領域で加速した。

年賀状リピーターが2年で4割から6割に

紙に出力する従来型のフォトイメージング事業も、デジタルマーケティング強化によってよみがえった。写真年賀状がその代表例だ。

年賀はがきの発行枚数は、03年の44億6０００万枚をピークに、21年は21億３０００万枚と半減している（１５４ページ**図38**）。特に30億枚を割った18年以降の減少幅が大きい。それでも今なお20億枚にも上るはがきが毎年決まった時期に投函（とうかん）される市場で固定客をつかめれば、その収益性は大きい。

「あけおめ」メールまたはＬＩＮＥで年始のあいさつが済んでしまう若者層の〝年賀状離れ〟は深刻だが、そんな若者も紙の年賀状を検討するタイミングがある。それは結婚や出産、引っ越し、転職といったイベントがあったとき。親戚も含めてここで一度「結婚しました」「子供が生まれました」「引っ越しました」報告をしておこうと考えるのだ。

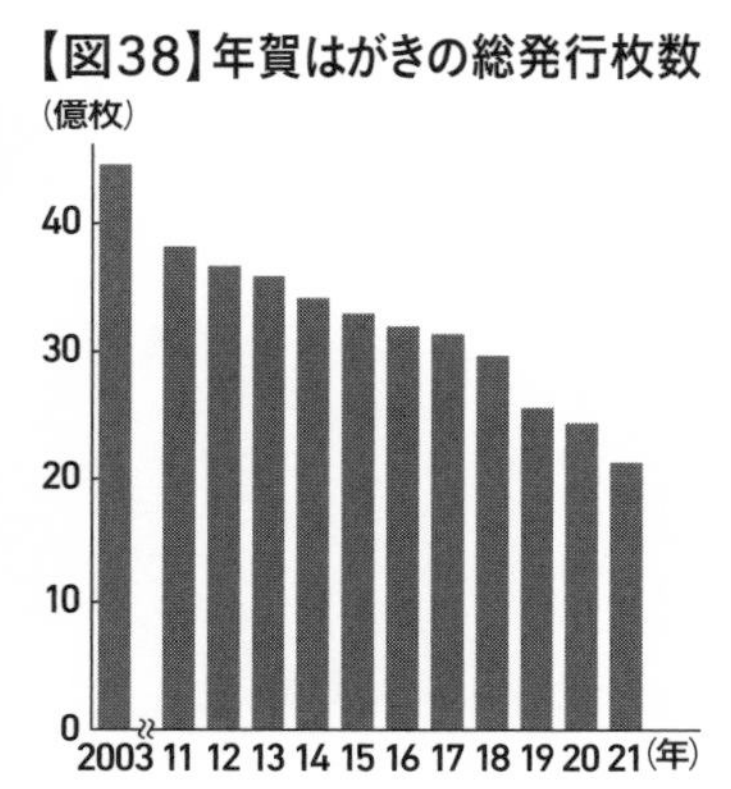

年賀はがきの発行枚数は減る一方だが、年賀状印刷のリピーターは増加
https://www.postcard.jp/nenga/

そこで、年賀状と掛け合わせて検索されるこれらのキーワードに沿った年賀状作成指南のコンテンツを制作し、そこから同社の年賀状印刷サービスを知ってもらう流れをつくった。年賀状の作成検討者が何に困り、何を知りたがっているか。検索ワードの検索意図に応える記事コンテンツからの〝さりげない〟誘導で、新規顧客を獲得していった。

既存顧客には年賀状準備シーズンに向けてメールで案内をするが、ここで強力なアピールになるのが顧客の状況に見合った年賀状の提案だ。例えば3年前、5年前に「子供が生まれました」年賀状を発注した顧客には、七五三の写真年賀状をメインサンプルにした案内メールを配信。メールが開封されない人に

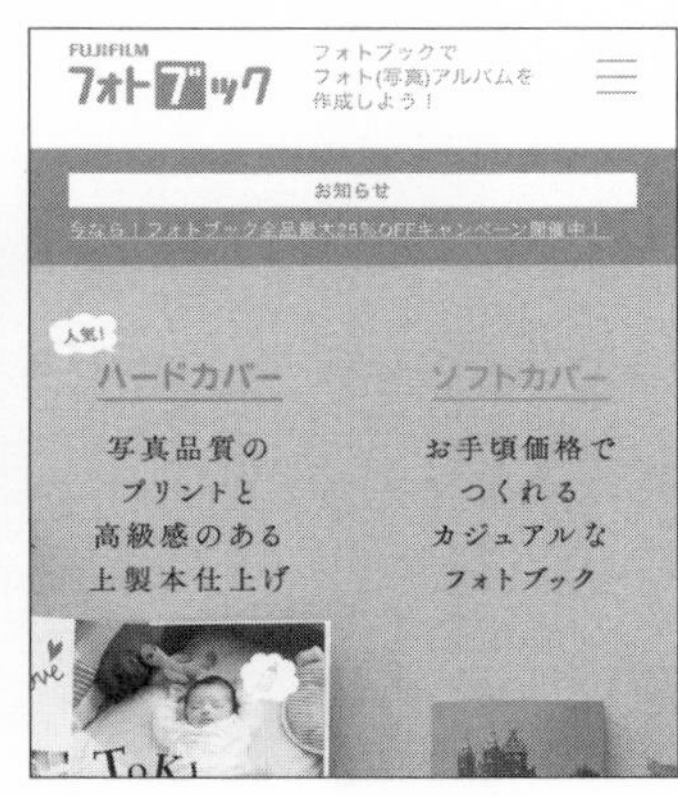

年賀状から外れた写真はカレンダーやフォトブックに
https://fujifilmmall.jp/calendar/　　https://f-photobook.jp/

はＤＭを送付する。

こうした過去の発注時の顧客属性をアップデートした状況ターゲティングの取り組みによって、19年に同社の年賀状印刷利用者の40％だったリピーター割合が、20年には50％、21年には60％にまで上昇したという。顧客の購入行動に寄り添ったコミュニケーションにより自分ごと化してもらうことが、翌年のリピート発注をもたらすのだ。

年賀状からカレンダー、フォトブックへ多重活用

こうした顧客の状況を生かすマーケティングは、年賀状印刷の範囲にとどまらない。

子供中心の年賀状であれば、そこに載せるベストショット写真の背後に十数枚の捨てがたい候補の写真があって、恐らく泣く泣く落として絞り込んだに違いない。そしてスマートフォンやデジタルカメラには、数百枚から1000枚超の単位に上る子供の写真がストックされているはずだ。

そこで、年賀状発注のお礼メールとともに、オリジナルカレンダーやフォトブックの案内を載せる。月替わりのカレンダーであれば、年賀状に載せられなかった12枚の写真が日の目を見るチャンスとして訴求できる。そのままならばスマホの中に眠る何百、何千枚のうちの十数枚が、毎日目にする実用品になるのだから、子供のいる家庭にとっては強いインパクトがあるだろう。さらに「1歳の誕生日のタイミングでフォトブックを作ろう」「自宅用と双方の実家用に計3部注文しよう」という具合に、無理なく客単価を上げていくことができる。

壁掛け写真をインスタプロモーションで若者に訴求

フィルム写真の時代であれば、現像・プリント・焼き増しが大きな収益源であったが、ス

お気に入り写真をパネル加工して壁に飾る「WALL DECOR」
https://fujifilmmall.jp/walldecor/

マホ時代は撮って送ることで完結しがち。写真を撮ること自体は好きな国民性だが、プリンティングビジネスを拡大することは容易ではない。

一方、諸外国では写真をプリントして階段に飾ったり、リビングに写真立てを並べたりと、インテリアとしてプリント写真を有効に活用している。もちろん日本の住宅が総じて狭いといった事情はあるものの、花を飾るよりもスペースを取らない写真は、もっと生活空間に入り込む余地があっていいはずだ——。そんな仮説から、富士フイルムのラボでお気に入りの写真をパネル加工（額装）して壁掛けできるサービス「WALL DECOR（ウォールデコ）」を17年から開始した。

ウォールデコ開発以前から、同社では写真を飾る文化を定着させようと、何十年間も提案してきたが、なかなか根付かなかった経緯がある。そこで新商材のウォールデコの販促に当たっては、過去の経験から親和性があるであろう写真好きで生活にゆとりのある50代以上を対象に提案すべきとの声が大きかった。しかし、多くの写真好き層の顧客が付いている写真専門店はそれでも良いが、ECはターゲットを若者層に切り替えた。この世代が写真をプリントする目的として、「思い出を形に残す」以外に、「部屋に飾る」「人にプレゼントする」という用途がアンケート結果からうかがえたためだ。

そこで若者層にウォールデコの魅力を伝えるプロモーションの舞台をインスタグラムに設定。広告ではなく、写真を飾っているシーンや壁掛け写真のある生活シーンを、ウォールデコのコンセプトに共感したインスタグラマーにアップしてもらう施策を実施した。

多くのフォロワーを持つ同世代インスタグラマーのセンスあふれる投稿に共感した若者層からのサービス申し込みが施策後、顕著に増加。企業対消費者という縦の線ではなく、ユーザー同士の横のつながりが面として広がり、写真で生活を彩る体験を訴求できたことが成功の要因になった。

顧客が置かれている状況や思いをしっかり把握し、売らんかなの広告ではなく、「こんな商品・サービスが欲しかった」と思ってもらえるようなコンテンツで訴求し、既存顧客に対しては個々の状況に応じたワン・トゥ・ワン施策でアプローチする。富士フイルムのフォトイメージング部門の取り組みは、他業態でも広く応用が利くはずだ。

※本稿は、同社デジタルマーケティング戦略推進室でマネージャーを務めた一色昭典氏（21年7月退社）への取材を基にまとめた。

5-2

オイシックス・ラ・大地

ミールキット「キットオイシックス」が絶好調 KPI管理で顧客維持、高LTV見込める新規を開拓

国内3ブランドを展開

オイシックス・ラ・大地は、有機野菜や無添加加工食品など約4000軒の契約生産者から調達した食品・食材を定期購入スタイルで提供する、食のサブスクリプション企業。00年に生鮮EC「Oisix(オイシックス)」を開設したオイシックスが、17年に有機野菜宅配のパイオニア「大地を守る会」、18年に「らでぃっしゅぼーや」と経営統合し、両社の社名を一部残した形の現社名に商号変更している。

Oisix(オイシックス)は育児・共働き中の30~40代世帯向け、らでぃっしゅぼーやは料理を通じて充実した暮らしを志す40~50代世帯向け、大地を守る会は手軽に健康食材を得

【図39】オイシックス・ラ・大地が展開する国内宅配3ブランド

	オイシックス	らでぃっしゅぼーや	大地を守る会
	Oisix	Radish Boya	大地を守る会 DAICHI wo MAMORU KAI
会員数（2021年6月）	33万3850人	6万5320人	4万5196人
入会方法	Web中心	Web、訪問営業	Web中心
注文方法	Webのみ	Web、電話、紙カタログ	Web、電話、紙カタログ
物流拠点	4カ所（海老名、藤沢、座間、狭山）	4カ所（札幌、板橋、座間、東大阪）	1カ所（習志野）
ラストワンマイル	ヤマト便 約99%	専用便 約95%（物流拠点のある主要都市圏）	専用便 約85%（首都圏）

オイシックス・ラ・大地が展開する国内宅配３ブランド（2022年３月期1Q決算説明書p59より）

たいシニア世帯向けという棲み分けで、３ブランドを展開（**図39**）。会員数はオイシックスが33万３８５０人、らでぃっしゅぼーやが６万５３２０人、大地を守る会が４万５１９６人に上る（21年６月）。

21年３月期はコロナ禍の巣ごもり需要で会員数が伸び、売上高は前年同期比40・９％増の１０００億６１００万円と、年商１０００億円の大台に乗せた。うちオイシックス事業の売り上げが約４９９億円で、全体の半数を占める稼ぎ頭になっている。

利益LTV最大化を目指し、KPIを管理

サブスク型ビジネスで収益を上げていく同社にとって最も重要な数字は、会員がもたらす生涯利益（利益LTV）だ。これは会員からの売り上げである「売り上げLTV」と、「限界利益率」の掛け算で求められる。売り上げLTVは、「会員数」×「購入頻度」×「1回単価」で表すことができる。

これらメインKPIの改善を図るべく、例えば会員数ならばそれを左右する要素であるCVR（成約率）や解約率などサブKPIに分解し、それぞれ個別に目標管理を実施している（**図40**）。

例えば入会初期は送料無料のキャンペーン後に解約というパターンがあるため、早い段階でさまざまなカテゴリーの商品ラインアップや特集ページなどを案内することでライフスタイルに合う商品やセットを発見する機会をつくり、送料無料になる額まで購入してもらうよう導く。そうした取り組みが解約率を下げ、長期の契約につながりやすくなる。

商品選びがカンタンで負荷が小さいことも特徴だ。例えばオイシックスでは「Kit Oisix（キットオイシックス）献立コース」「おいしいものセレクトコース」「ちゃんと

【図40】利益LTV（＝売り上げLTV×限界利益率）を構成するKPI

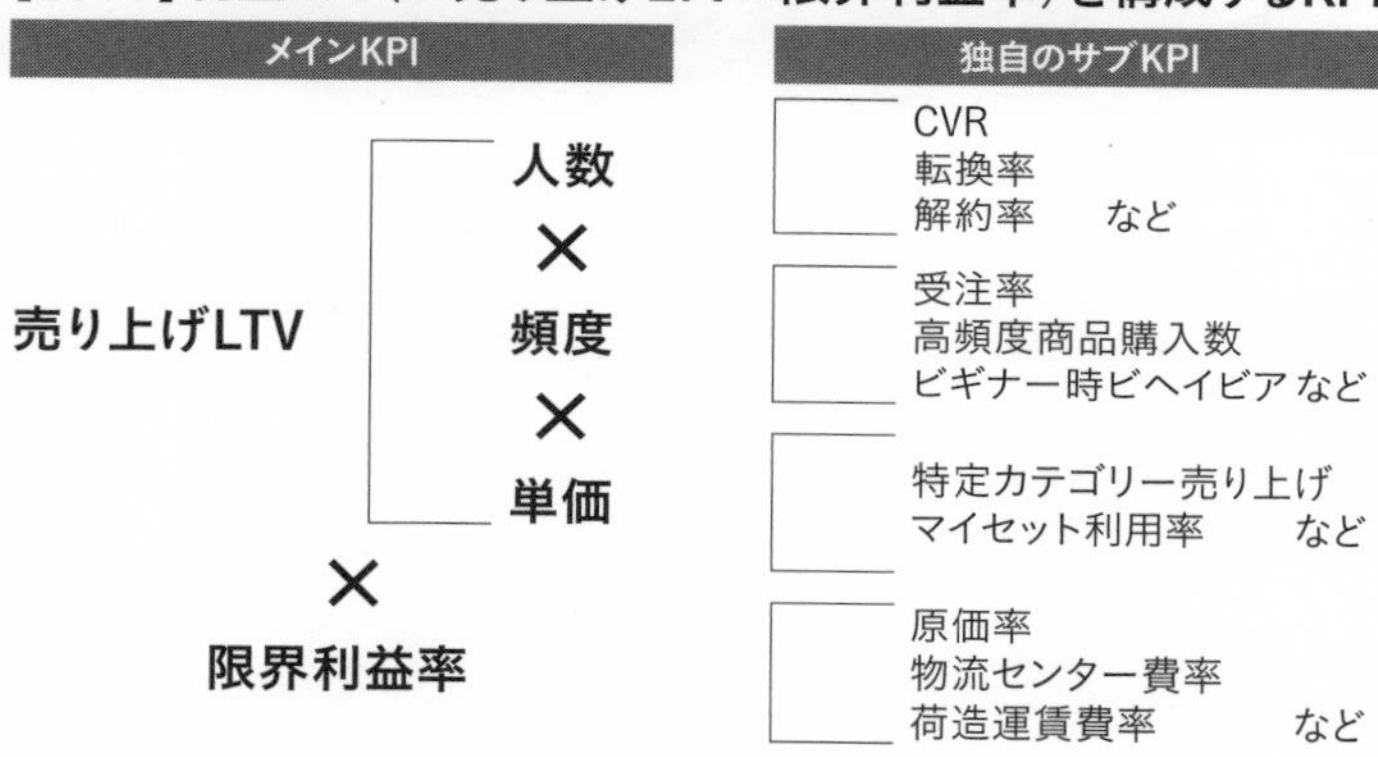

出所：2019年3月期中間決算説明資料p30より

オイシックスコース」などのコースがあり、いずれかを選ぶとお薦め商品が自動的に買い物かご（定期ボックス）に追加される。ここから、家族の好みや自宅にある食材を考慮のうえ、「いらない商品・食材は外し、欲しいものを加える」という取捨選択をして翌週分を注文する。毎回外す商品および入る商品を学習してボックスに反映する他、例えば子育て世帯がよく注文する商品Aを子育て世帯のeさんが注文していないといったことも把握できる。そのような場合は、Aをレコメンドすることで注文可能性を高め、選定商品のマンネリ化を軽減し、解約の抑制につなげている。

「献立を考える手間」から解放したミールキット

データドリブンなKPI管理に余念のない同社だが、売り上げLTVを伸ばすうえで肝になるのは、「今後も継続したい」「新規に入会してみたい」と思ってもらえるような有力商品の開発である。その意味で近年、同社のヒット作になっているのがミールキット「キットオイシックス」だ。

ミールキットとは、調理前の食材がひとまとめになったセットのこと。指定メニューに必要な5種以上の野菜がカット済みなどの状態でそろっているため、20分以内で主菜・副菜の2品をつくることができる。用意しているメニューは週替わりで20以上。夕食の支度に手間をかけたくない世帯にとって、その手軽さと、「レンジでチン」で終わりではない〝調理した実感〟も得られるバランスの良さが人気の秘訣だ。

キットオイシックスの開発のヒントになったのは、会員から寄せられる声だ。同社は定期的に会員向けアンケートを実施する他、グループインタビューやモニター世帯の家庭訪問なども実施。「平日は忙しいので、できるだけ料理の手間を省きたい」「といっても栄養はしっかり摂りたい」「手間はかけたくないが〝手抜き〟料理には後ろめたさがある」など、

2021年4月に累計8000万食を出荷したミールキット「Kit Oisix」

さまざまな声を聞いてきた。

そうした声から、料理をめぐる課題として、調理時間そのものより「今日は何にするか？」と献立を考えることに頭を悩ませ、時間を割いている実態が浮かび上がり、その解決策としてキットオイシックスの商品化に至った。単なる時短や〝手抜き〟ではなく、献立の悩みから解放して、料理の機会を提供するものである。同社は、キットオイシックスの提供価値を「プレミアム時短」というワードで定義している。

会員の潜在ニーズを捉える商品開発でヒットを生み、さらにアンケートや親子で参加する「コドモニター」などから評価を受けて改良を重ねることで、キットオイシックスは質・

量ともに進化を遂げている。21年6月のキットオイシックス会員数は19万8821人（※サクっとオイシックスコース会員を含む）と、オイシックス会員全体の約6割を占め、同社の看板商品、成長ドライバーとなっている。

オイシックスファンがインスタで発信

キットオイシックスのコンセプトに共感して入会した会員は、顧客ロイヤルティーの高い会員として〝活躍〟してくれる。インスタグラムに「つくってみた」「食べてみた」写真を日々投稿しているのがその活動例だ。

キットオイシックスでつくった料理が〝映える〟ことから、ハッシュタグ「#オイシックス」を付けて投稿するUGC（ユーザー・ジェネレーテッド・コンテンツ＝ユーザー生成コンテンツ）が多く、それを同社のインスタ公式アカウントがシェアすることで投稿意欲が高まり、好意的な投稿が増える好循環が形成されている。

若い世代はインスタ検索で店選びや商品選びをすると言われるが、実際にオイシックスの「おためしセット」注文者に購入のきっかけを尋ねると、インスタ施策が上位に入るという。ハッシュタグ「#オイシックス」の投稿は約20万件に上る。重要な情報接点であるインスタが、あたかもキットオイシックスの常設UGC展示場のごとく好意的な投稿であふれているのは、同社にとって大きな強みだ。

クレヨンしんちゃん家族を通じて企業メッセージ広告

この他、新規会員獲得に貢献した施策として挙げられるのが、19年4～8月に展開した「クレヨンしんちゃん」コラボだ。

19年4月公開の映画『クレヨンしんちゃん 新婚旅行ハリケーン ～失われたひろし～』に合わせて、キットオイシックスで野菜嫌いの子供向けメニューを期間限定販売したのを皮切りに、翌5月は、日々奮闘するしんちゃんの母・みさえさんに、家族を支える母親の代表として感謝を示すポスターを、しんちゃんの舞台である埼玉県・春日部駅（東武鉄道）に掲示した。6月も、「いいパパって、なんだろう。」と題してしんちゃんの父・野原ひろしさんに向けたメッセージ広告を、夏休みが終わる8月最終週にはしんちゃんが「かあちゃん、楽しい夏休みをありがとう」と感謝するメッセージ広告を掲示。一連の広告が子どもにとっては、楽しい楽しい夏休み。
けれど、お母さんにとっては…
ちょっと大変な夏休みでもあります。

子どもたちとの遊びに奮闘しながら、
掃除、洗濯、三度の食事。
朝ごはんが終われば、お昼ごはん。
お昼ごはんが終われば、夜ごはん。

献立を考えて、買い物に行き、料理をする。
しかも、夏のキッチンの暑さといったら・・・。

家族で旅行に出かけたり、
子どもたちと過ごす時間が増える。
それはとても喜ばしいことだけど、
夏休みの家事や育児の大変さは、
令和になってもなかなか変わりません。

だから、Oisixは考えます。
「お母さんのために何ができるだろう」

夏休みの買い物や、
毎日の献立に悩まなくていいように。
料理がもっと楽しくなるように。
そして、みさえさんだけでなく、すべてのお母さんが、
夏休みをもっと気持ちよく過ごせるように。

Oisixにできることを考え、
挑戦していきます。

お母さん。夏休み、お疲れさまでした。

Oisix

2019年8月の最終週、家族を支え続ける「お母さん」への感謝メッセージを掲示

「感動した」「心に染みた」とＴｗｉｔｔｅｒで大拡散した。この間、テレビ番組での露出も多く、19年４～９月のオイシックスに関するＴｗｉｔｔｅｒクチコミ数は前年比２・９倍に上り、19年６月末のオイシックス会員数は３カ月前比で９・５％増と飛躍的に伸びた。

単に人気キャラクターのコラボメニューやグッズプレゼントといったキャンペーンではなく、しんちゃん家族を通じてオイシックスがどのように社会に貢献していきたいかを説く、社会派の企業メッセージ広告が広く共感、支持された格好だ。

こうした共感をきっかけに入会する会員は、プレゼント目当てで入会した顧客よりもＬＴＶは高くなるだろう。しんちゃんコラボは新規

獲得に貢献した他、既存会員からも「オイシックスが応援してくれている」「会員であることを誇りに思う」といった好反響を得ることができた。

ＫＰＩの目標管理や精緻なデータ分析に十分取り組んでいる同社にとって、そこからさらに会員数を上積みし、離反を抑止するためには、こうした定性的でエモーショナルなアプローチでロイヤルティーを高める取り組みも重要になる。

同社のマーケティングやコミュニケーション全般をリードする専門役員ＣＯＣＯ（チーフ・オムニチャネル・オフィサー）の奥谷孝司氏は、「我々は単に食品・食材を届ける宅配業ではなく、家族の食卓がいかに豊かなものになるか、ライフスタイルの向上をお手伝いしている。そのために優れたカスタマーエクスペリエンスを追求することが重要」と語る。

5-3

メガネスーパー

LINEアプリはクーポン乱発装置にあらず コンタクトレンズ簡単購入の基盤整えLTV向上

「メガネスーパー」は、首都圏を中心に全国約330店舗を構えるビジョナリーホールディングス運営の眼鏡・コンタクトレンズ・補聴器の専門販売チェーン。「JINS」や「Zoff」といった格安眼鏡専門店の台頭で、08年4月期から15年4月期まで8期連続で最終赤字が続き債務超過に陥っていたが、13年6月に再建を託された星崎尚彦氏が社長に就いて以降、格安路線と決別。検査とフィッティングなどの技術力を背景に目の健康寿命を延ばすためのトータルサポートを提供するアイケアカンパニーを宣言をするなど業績をV字回復させ、16年4月期に9期ぶりに黒字転換を果たした。

モノ売りからコト売りにシフトした眼鏡販売に加えて、業績回復を支えた要因として、日用品であるコンタクトレンズの販売増がある。ECサイト、およびLINEアプリを活用し

業績V字回復を果たしたメガネスーパー（写真は高田馬場店）

たコンタクトレンズ販売のオムニチャネル、デジタルサービスの拡充をリードしたのが、ビジョナリーホールディングス取締役CDO（最高デジタル責任者）兼CIO（最高情報責任者）の川添隆氏だ。前職のアパレルブランドを率いた星崎社長の下でEC事業の責任者を務め、13年に共に〝デジタル領域からの再建請負人〟としてメガネスーパーに参画した。

「コンタクトレンズを切らして今すぐ欲しい」に対応

コンタクトレンズで主流である使い捨て型のソフトコンタクトレンズは、高度管理医療機器でユーザーが同じ商品を何度も購入する

ECサイトでコンタクトレンズを販売

リピート性の高い商品である一方、コンタクトレンズ専門店の他、競合の眼鏡専門チェーン、眼科併設の販売店、ドラッグストア、専業ECサイトでも販売している〝ある程度どこでも買える商品〟でもある。そんなコンタクトレンズを、他店ではなくメガネスーパーで購入し、かつリピーターになってもらうにはどうすればよいか？

顧客起点に立って考えると、コンタクトレンズ利用者がコンタクトレンズを「買わなきゃ」と思うのは、手持ちの在庫を切らしてしまったときにピークとなる。「ECで注文しても届くのに数日かかってしまう」「いつも買っている自宅近くの店舗は、仕事が終わってから駆けつけても間に合わない」「会社近くの店舗には自分が使っているいつものレンズがあるかどうか分からない」――という具合に、「今欲しいのに入手しづらいことがペインポイント（課題）になっていた」（川添氏）。

これに対してメガネスーパーが打った施策は次のようなものだ。

LINEから店頭在庫確認&取り置き依頼

まずECサイトでは、主要商品は13時までの注文なら即日出荷することをアピール。13年当時、「即日出荷」「5000円以上で送料無料」など自社だけの特別なサービスとは言えない特徴はサイトのフッターに記載している程度だった。そこで、川添氏の入社後に、「ユーザーにメリットが伝わっていないのでは？」という仮説のもと、取り組み済みの施策については目に留まるようにアピールしたところ、「過去3年間横ばいだった自社ECサイト売り上げが、翌月に1・3倍になった」（川添氏）。

ユーザーの在庫切れが起こらないようにするための施策としては、全社取り組みとしてスタートした「定期便（定期購入）」を自社ECサイトに対応した。ECサイトでは店舗との販売方法の違いを考慮して、カート内で定期便に切り替えられるボタンを設置したこと

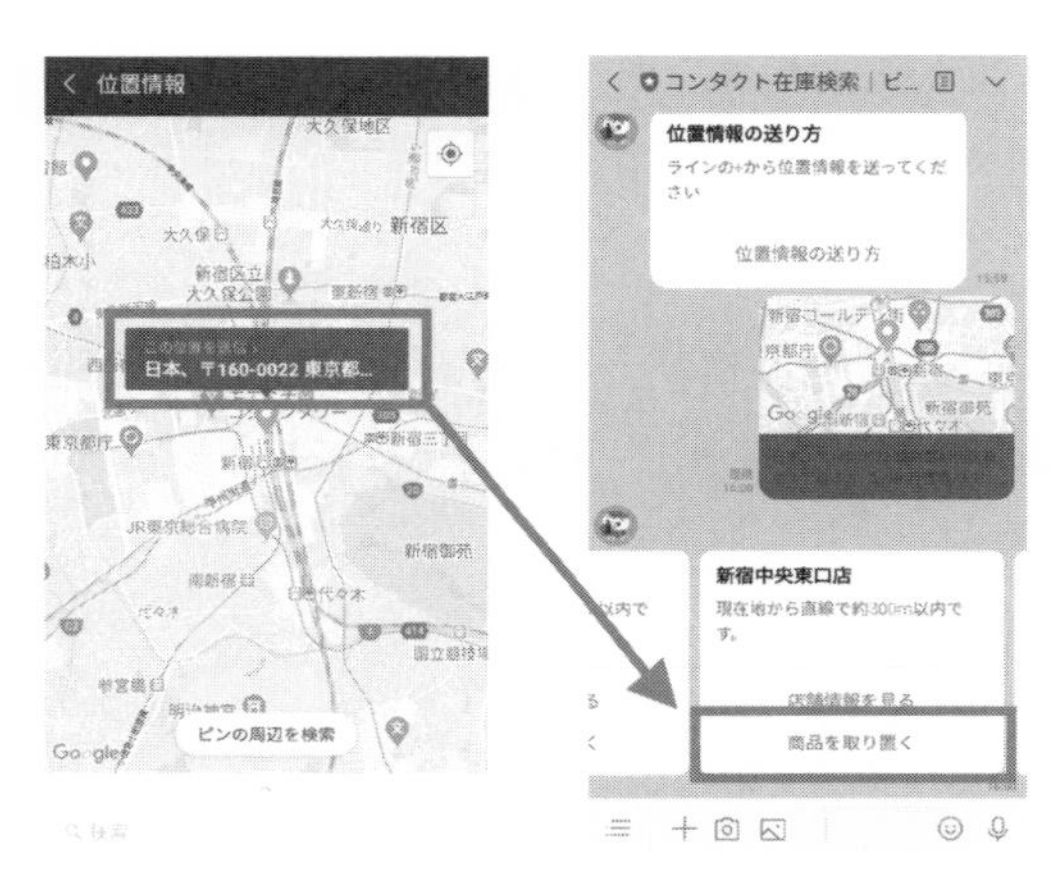

EC以外のデジタルコマース

で新規契約増につながった。また、店舗やECでかつて購入したコンタクトレンズと同じものを再購入する場合は、その商品を選択したうえで、「当サイトで前回ご注文の度数」「店舗で前回ご注文の度数」をプルダウンメニューから選び、カートに入れるボタンを押すだけで購入できるよう、手間を省いた。それ以降も、最短2タップで購入できる独自のショートカット注文機能を導入、またAmazonのID・パスワードを使ってログイン、支払いができるAmazon Payや、LINEのID・パスワードを使ってログイン可能なソーシャルPLUSを導入し、簡潔に注文が完了するよう買い求めやすくした。

急なレンズ切れに対応したのが18年1月、

【図41】EC事業の売上高推移

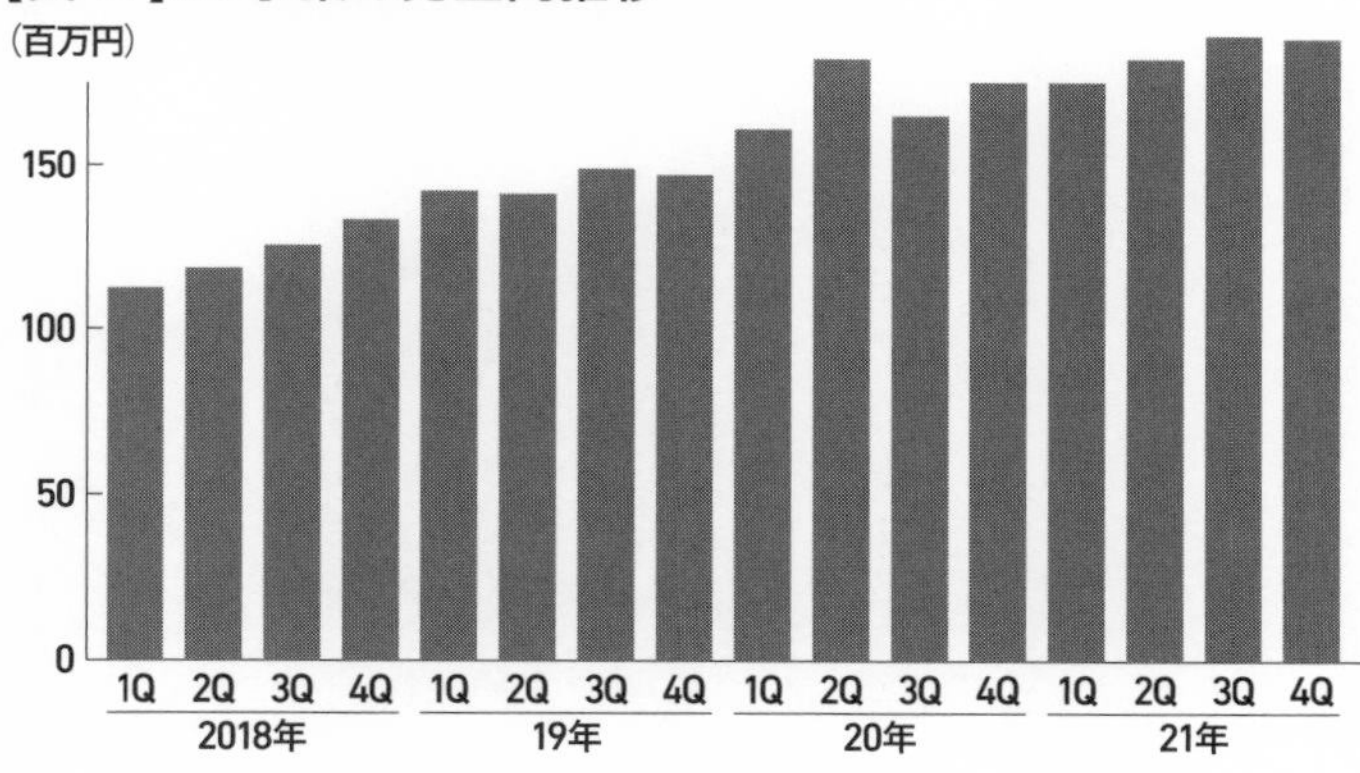

ＬＩＮＥ公式アカウント上に開設した「コンタクト在庫検索&取り置き」だ。利用中のコンタクトレンズの商品と度数情報を「マイコンタクト」として登録し、自分の現在地情報を送信すると、該当商品の在庫がある店舗が近い順に表示され、希望の店舗を選択することでマイコンタクトの取り置きを依頼できる。取り置き依頼時に発行される予約番号を店頭で伝えれば、即日の購入、入手が可能になる。

さらに17年1月には、スマホアプリを用いた新オーダーサービスとして、店舗で注文したコンタクトレンズやレンズケア商品などを最短2タップで注文完了できる「コンタクトかんたん注文アプリ」を開始した。その後20年11月には、ＬＩＮＥ公式アカウントを用いて新規ユーザーでも注文できるようにバージョンアップし、LINEのトーク画面上から商品をオーダーできる「コンタクトかんたん注文LINE」を開始した。いずれも注文した商品は、指定住所か近くのコンビニエンスストアなどに配送する。

コンタクトレンズを購入するユーザーはどんな局面にいて、何に困っているか、何があれば助かるかを突き詰めて考える、いわゆる状況ターゲティングの手法で施策の開発を進めたことで、顧客の反応は上々だ。20年4月期のEC関与売上高（EC＋アプリ・LINE）は前期比約18％増と大きく躍進。コロナ禍で主に店頭販売の小売事業が前期比マイナスになった21年4月期も、EC関与売上高は10％増と伸びている（175ページ図41）。

独自のリピート購入アプリは伸び悩み、LINEに実装

打ち手が次々と奏功しているように見えるメガネスーパーだが、想定通りには至っていない施策、企画もある。

17年1月にリリースした自社独自の公式スマホフォンアプリ「コンタクトかんたん注文アプリ」は、現在も稼働中だが、利用者は伸び悩んでいる。もろもろの機能をそぎ落とし、

コンタクトレンズのリピート購入の利便性に特化したアプリである。

16年12月にAmazonがボタン1つで同じ商品を繰り返し購入できる「Amazonダッシュボタン」をリリースしたことをヒントに、これをスマホで実装した格好だ。だが店頭でコンタクトレンズ購入客にアプリの案内、利用を呼び掛けるものの、ダウンロード&インストールのハードルは高く、アプリユーザーを増やすのは難しかった。

こうした経緯で、独自アプリ展開から、既に大半の人が利用しているLINEアプリ上での機能実装に方針を切り替え、前述の「コンタクトかんたん注文LINE」のリリースに至っている。LINEトーク上から注文できるサービスは利用が伸びたことで、簡単に購入したいというニーズが根強くあることと、ひとたび簡単購入経験をすればリピート購入してくれるという読みは当たった。

LINEをクーポン乱発装置ではなくサービス基盤に

LINEで企業アカウントをいくつか友だち登録していると、お昼前や週末に新商品情報や割引クーポンがたくさん舞い込んでくる。メガネスーパーも適宜クーポンは配信するが、むやみに乱発せずアカウントごとに役割を決めている。ＬＩＮＥをクーポン乱発装置にするのではなく、なるべく悩みやお困りごとを解決するサービスプラットフォームとすることで、クーポンというインセンティブに依存せずともリピート客を増やし、利幅を確保できる。

顧客のロイヤルティーの向上→リピート率の向上→ＬＴＶの向上という好循環を実現するには、顧客のペインポイントをしっかり把握して手当てすることが大切であることを、メガネスーパーの取り組みは示している。

5-4

ピアリビング

顧客の見える化で防音商材にもリピート客を発見
相談多い顧客ほど販売増、問い合わせ対応一新

防音設備の製造・販売を主な事業とするピアリビング（福岡県宗像市）。もともとは建築施工を展開していた同社は、18年ほど前から防音の独自商品の取り扱いを開始。床に敷く防音マットや、吸音材を何層にも重ねた商品、空気の層を含んだ防音カーテンといった商品を開発、販売する他、オーダーメードで壁や窓へはめ込む形の防音材なども提供している。ここ5年間の売上高が17年度の4億円から、5億円→5億円→8億円、そして21年度は10億円と、着実に業績を伸ばしている。

コロナ禍で在宅時間が増えたことから、「周囲の騒音が気になる」、あるいは「ご近所に迷惑をかけないように防音対策をしたい」というニーズが急速に高まっている。20年4月～21年3月の電話問い合わせ件数は５５８０件に達し、１２５０件だった前年同期の約４・

5倍と急増した。この問い合わせ増にパンクすることなく対応できているのは、上得意客を分析した結果、相談対応を強化してきたためだ。

法人にも個人にもリピーターがいることを発見

「17年に私がコンサルタントとして参画した当時は『当社にはリピーターはあまりいない』という認識だった。だが、顧客の過去の購入履歴を細かく見ていったところ、実は法人にも個人にも決して少なくない規模のリピーターがいることが見えてきた」と語るのは、取締役として同社の経営に参画している逸見光次郎氏（CaTラボ代表）。それまで、新規顧客の獲得こそビジネスの要と考えて施策を打ってきたが、実際には維持、育成すべき既存顧客が存在したのだ。

そこで次のステップとして、顧客が何をどれくらい購入しているか、どんなニーズで購入しているかを調査した。それまでは、生活音や子供の声が響くといった悩みに対する防音ニーズが多いのではないかとイメージしていたが、調査の結果、購入者には音楽をやっている人が多いというデータが出てきた。ピアノの先生や、趣味で楽器をやっている人、ドラムセットを自宅に置いている人などが相当数いたのだ。

こうした顧客の実像は、顧客からの相談内容を分析することで浮かび上がった。「どんな商品を買っている顧客、どんな行動をしている顧客が特に大切なのかを見ることが重要」「過去の顧客の行動や発言ログを見れば『今、誰に声をかければよいか』が分かる」と逸見氏は言う。

顧客接点のスタートは「相談」

ピアリビングの業務フローは、受注ではなく「相談」から始まる。故に過去の相談内容のログをデータベース化し、顧客からの問い合わせに即時対応できるように取り組んでいる。過去に何度か問い合わせをしてきた顧客に、その内容を踏まえた対応ができることが、リピーターを増やすための必須事項だ。

顧客からの電話に対し、「○○様、前回は△△のお問い合わせをいただきありがとうございます」「先日は□□をお買い上げいただき誠にありがとうございました。その後、□□の調子はいかがですか?」という対応ができれば合格点だ。

自社でやるべきことと外注することを仕分け

一方で、売り上げが伸びるにつれて、業務が追いつかなくなる課題もあった。その際、業務フローを見直して実施したのが、「自社でやるべき業務」と「他社に任せてもよい業務」の仕分けである。判断基準は、顧客の維持・育成・獲得に直結する業務であるか否か。該当すれば自社で、該当しなければ外注する。仕分けの結果、物流の多くの業務を外部に委託した。相談が受注をもたらすことを明確に示し、相談に注力する体制を整えた。

相談の件数が増えるにつれて、人手も必要になる。かつては、電話がいったん切れて同じ顧客がかけ直した電話を別の担当者が取ると、最初から説明を繰り返すような非効率なやりとりが多々起きていたという。

「人がいないからできない、と言っていると永遠にできない」（逸見氏）。そこで業務フローを洗い出して、必要な業務は何かを定義し直した。業務フローとは、ビジネスの始まりから、代金回収までの手順であり、そこにどの組織の誰が携わるのかを明確にする。同社では、受注の前に相談という重要なプロセスがあることを再認識し、顧客対応の履歴をデータベース化することで強化した。

質問対応の流れも見直した。かつては、コールセンターのオペレーションは「専門家しか答えてはいけない」ことになっていた。少し複雑な相談になると、社内にいる専門家が代わって対応する。売り上げが増えて顧客の数が増えるほど、また1人の顧客の相談回数が増えるほど、一から相談内容を聞き直す無駄なプロセスが発生し、顧客だけではなく双方にとってストレスになっていた。

そこで、最初に電話を受けた担当者が社内の専門家に確認し、その担当者が顧客に回答するよう、電話対応を見直し始めた。データベースの整備とともに業務の見直しを図ったことで、顧客対応がスムーズになり、コールセンター担当者のスキルも向上していくからだ。

電話相談に時間をかけても元が取れる

同社が現在注力しているのは、「LTVが高い顧客の事例から『逆引き』して施策を考える」（逸見氏）こと。そのため、「電話に1時間でも、2時間でもかけてOK」と認識が変化した。「10年も前から買ってくれている顧客と、どのようなコミュニケーションを取ってきたのか」を考えると、電話に十分な時間を取ることの重要性が分かったからだ。LTV

をKPIとして考えるようになると、業務やプロセスの見直しがスムーズに進む。

相談の際は、「それでしたら、当社の商品ではなくてA社のこの商品の方がよいですね」とアドバイスすることもある。ビジネスの目的は顧客の音に関する悩みの解消であり、むしろその方が確実に顧客満足度が上がるという経験則から、誠実な対応を実践している。

リアルの強みである「体験」を重視

相談対応を強化する一方で、リアルのショールームや体験イベントについても、相談に至るきっかけの場として大切にしている。

博多オフィスの同じビル内に「博多ショールーム」、東京・神田駅近くのビルに「東京ショールーム」を開設。ただスペースの都合上、一度に多くの顧客対応は難しいため、東急ハンズ渋谷店にて毎年、期間限定でブースを出展している。ネットを見て関心を持ち、実物を見たいと思った東京近郊居住者がハンズの渋谷店に足を運ぶ。リアルの強みである「体験」を重視する考えから、社員が常駐して説明に当たる。例えば目覚まし時計を防音ボックスに入れて「ほら、アラーム音が消えたでしょう?」といった実演形式で、顧客に

東急ハンズ渋谷店にて期間限定でブースを出展

体験してもらう。

顧客勘定の実態を踏まえて施策を立案、実行

コロナ禍でリアルの場での体験が難しくなると、すぐさま体験の場をオンラインに移した。21年5月、「体感型3D防音ショールーム」をオープン。パルコデジタルマーケティング（東京・渋谷）が提供するオンラインでのバーチャル体験を可能とする3Dカメラソリューションを基に、博多ショールームの3D版を構築した。

ユーザーは自分のスマホやタブレット、PCから〝来店〟し、360度さまざまな角度か

社長自ら3Dショールームで説明に立つ

らショールーム内を見学できる。ショールームに配置されたボタンをクリックすると、同社の室水房子社長が自ら動画で各ブースを案内、解説する。商品の詳細や防音効果については、同社YouTubeチャンネルの動画でも確認できる。

商品開発にも変化、格安防音ボックスがヒット

顧客からの相談対応を強化することで、顧客ニーズにも敏感になり、それは商品開発にも生かされた。

例えば、20年4月から販売している防音ルーム「おてがるーむ」。電話ボックスのよう

自宅でのテレワークや楽器演奏を快適にする防音ボックス「おてがるーむ」

な形をした段ボール製のボックスで、吸音材を多く取り入れ、防音性は十分に担保されている。同等の性能を持つ他社商品は大抵重いスチール製で、数十万~１００万円ほどになるが、おてがるーむの価格は20万円。楽器をやっている人が「安い、試してみたい」と興味を持つポジションを狙った。発売以来、増産してはすぐさま売り切れるほどの人気商品になっている。

おてがるーむも、体験の場がヒットにつながった。ＹｏｕＴｕｂｅで防音性能をアピールし、体験希望者を募集。体験記の投稿を条件に「おてがるーむ」を自宅に送り、設置画像を公開してもらった。実際に購入したある顧客は、組み立て風景から動画で撮影して、「この工程がちょっと面倒」「ルームの中は夏場は暑いかも」「でも全体としてはとても満足」といったことをユーチューバーさながらにアップしてくれたという。来訪者がエバンジェリストとなって拡散することに成功した格好だ。現在は自社発信だけではなくUGCも重視するサイトリニューアルを準備中だ。

経営層の迅速な意思決定が急務

コロナ禍ではテレワークが一気に浸透したことで、「オンライン会議やSNSのやりとりで十分」という発想に変化し、初期コストと手間のハードルが大幅に下がった。そこでより重要になるのが経営者の意思決定だ。この意思決定の理論的支柱となるのが、顧客勘定の考え方と仕組みである。予算についても商品の予算だけでなく、顧客勘定で組むことが大切になる。顧客勘定で予算や目標を組んでいけば、達成への道筋が見えてくる。

ECではID単位で顧客の履歴を把握できているのはもちろんだが、実店舗にもID－POSが入ってきたことで、すぐにでも「顧客勘定」に取り組める状態になりつつある。しかしながら、できるようになっているのにやっていない会社がまだたくさんある。

「自社がどういう顧客層に支えられているのか、なぜ自分の会社を選んでくれているのか、それ故にどういう打ち手を打つべきなのか、これを理解することが何よりも重要。特に、これから売り上げを飛躍的に伸ばそうという野心を持っている小さな会社こそ、今すぐに顧客勘定に着手すべきだと強く思う」（逸見氏）

第6章

ステージ別「顧客勘定PDCAサイクル」の進め方

【図42】ビジネスの状況 4つのステージ

ステージ1	顧客リストを持ってはいるが、活用できていない
ステージ2	顧客セグメントが設定されていて、セグメントごとに施策を打っている
ステージ3	多様な顧客セグメントが設定されていて、それぞれに施策を打っている
ステージα	そもそも顧客リストが存在しない

6章では、顧客勘定PDCAサイクルの実践に当たり、どのように取り組んでいけばよいか、その実践方法をお伝えします。ビジネスの状況を4つのステージに分類しました（**図42**）。

・ステージ1：ひとまず顧客リストは持っている状況
・ステージ2：顧客セグメントを設定し、セグメントごとに施策を打ってはいる状況
・ステージ3：多様な顧客セグメントを設定し、それぞれに施策を打っている状況
・ステージα：そもそも顧客リストが存在しない状況

それではステージ別に、話を進めていきましょう。

6-1

「ステージ1」

ステージ1は、顧客の「デモグラフィック・プロフィール」「購入金額」「購入した商品」については、ある程度理解できている状況にいる企業が対象です。

このステージでは、恐らく次のような課題を持っているのではないでしょうか?

・全顧客の属性情報や購入に関する情報を取ることができておらず、一部の顧客の情報にとどまっている

・どの顧客に、どんな情報をどのようなタイミングで提案すればよいのか、いまひとつよく分かっていない

まず顧客の「経済的な価値」を可視化してみましょう。どれだけ少数の顧客で、多くの売り上げ、経済的価値が創出されているか。事実を確認することから始めます。すべての顧客ではなく、まずは見えている顧客からで構いません。

【図43】デシル分析の表のイメージ

	顧客数	購入金額合計	購入金額比率	累積購入金額比率	1客単価
デシル1	200人	160万円	40%	40%	8000円
デシル2	200人	100万円	25%	65%	5000円
デシル3	200人	60万円	15%	80%	3000円
デシル4	200人	22万円	5.5%	85.5%	1100円
デシル5	200人	18万円	4.5%	90%	900円
デシル6	200人	16万円	4%	94%	800円
デシル7	200人	12万円	3%	97%	600円
デシル8	200人	8万円	2%	99%	400円
デシル9	200人	3万6000円	0.9%	99.9%	180円
デシル10	200人	4000円	0.1%	100%	20円
合計	2000人	400万円	100%		

STEP1：前年度、本年度の顧客をユニークユーザー単位で1客単価の高い順にソート

STEP2：その際、前年度、本年度の購入実績のある顧客＝AUU数を把握

STEP3：一客単価のソート表を上位から10分割する（→デシル分析の実施、図43）

STEP4：8割の売り上げが顧客のどのラインで構成されているかを把握する

STEP5：8割の売り上げを占める上位客と、それ以外の顧客のボーダーラインを把握し、ボーダーライ

【図44】顧客移動の5本線

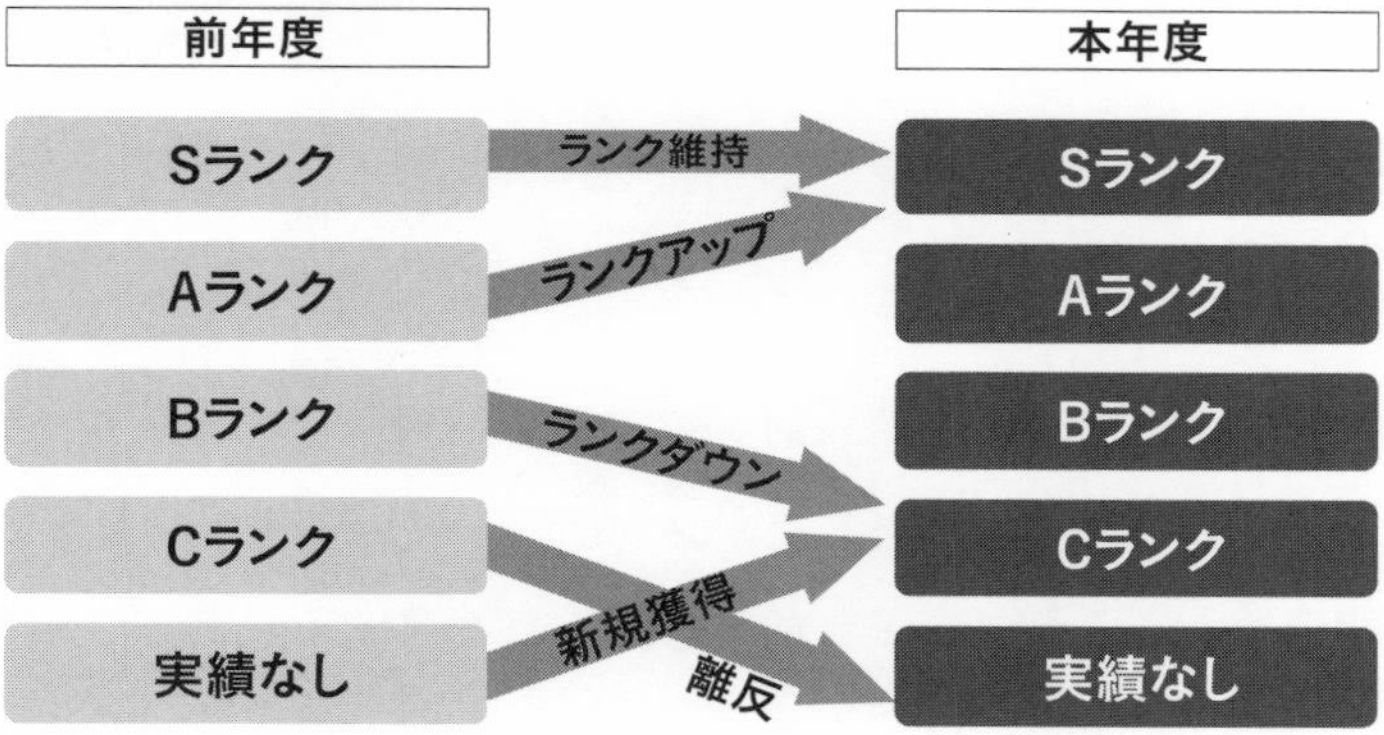

前年度
Sランク
Aランク
Bランク
Cランク
実績なし

ランク維持
ランクアップ
ランクダウン
新規獲得
離反

本年度
Sランク
Aランク
Bランク
Cランク
実績なし

ンの1客単価を把握

STEP6：そのボーダーラインの1客単価（前年度もしくは本年度）を絶対値として、上位とそれ以外の顧客を分ける境界線を設定する。この際、顧客を何種類に分割するか決めておく（S、A、B、Cなど）

STEP7：前年度と本年度で「移動分析表」を作成する

ユニークユーザー単位で以下の仕分けを行う（**図44**）。

・同じランクへの移動：ランク維持
・上位ランクへの移動：ランクアップ

・下位ランクへの移動：ランクダウン
・前年度売り上げあり→本年度売り上げなし：離反
・前年度売り上げなし→本年度売り上げあり：新規獲得

なお新規獲得には、これまで一度も購入実績のなかった「純新規」と、過去に購入実績のある「復活」の双方を含んでいます。

STEP8：移動分析表で各ランクの人数、売上合計金額、およびその差分を算出
STEP9：ランクダウン、および離反で、前年度からどのくらいの金額が減少したか、その絶対額と、前年度の売り上げを分母にして比率を算出

いかがでしょうか。どのくらい少数の顧客で売り上げの大半が構成されているか。また離反やランクダウンによって、どのくらいの売り上げが喪失しているか。イメージがつくと思います。

もし、サンプルデータが少ない場合には、それが企業にとっての顧客の代表性を持つ、優位なサンプルデータになるかという懸念もあるかと思いますが、少なくとも上位に位置し

【図45】「当選確実顧客数帳票」詳細イメージ

	3月	4月	5月	6月	7月	8月
目標(人)	1000	2000	3000	4000	5000	6000
S顧客累計	800	1600	2800	4100	5200	6100
目標差異	-200	-400	-200	100	200	100
増加人数	0	800	1200	1300	1100	900

	9月	10月	11月	12月	1月	2月
目標(人)	7000	8000	9000	10000	11000	12000
S顧客累計	7200	8100	9000	11000	11200	12100
目標差異	200	100	0	1000	200	100
増加人数	1100	900	900	2000	200	900

ている顧客は維持すべき顧客ですので、ぜひこの段階から維持・育成・獲得に取り組んでみてください。

全体の集計ができた場合は、当選確実顧客数帳票（73～74ページ参照）、マラソン帳票（75～76ページ）も作成して、同時に運用してみることもお薦めです。

■「当選確実顧客数帳票」について

図45では、3月始まり2月終わりを年度としています。年度末の2月時点で、上位客の人数を1万2000人にする目標を立てています。

例えば上位客（S顧客）の定義を年間で10万円以上購入した顧客とした場合、初月の3

【図46】「マラソン帳票」詳細イメージ

	3月	4月	5月	6月	7月	8月
金額(百万円)	1000	2000	3000	4000	5000	6000
目標人数	12000	12000	12000	12000	12000	12000
実績	10000	12000	13000	11000	11500	12500
目標差異	-2000	0	1000	-1000	-500	500

	9月	10月	11月	12月	1月	2月
金額(百万円)	7000	8000	9000	10000	11000	12000
目標人数	12000	12000	12000	12000	12000	12000
実績	12000	11000	13000	12000	12000	12500
目標差異	0	-1000	1000	0	0	500

月で既に10万円以上購入した顧客がいれば、この顧客は「当選確実」となります。2月末時点で1万2000人にするためには、3月で1000人、4月で2000人、5月で3000人といった具合に、当選確実な上位客を毎月1000人ずつ増やせれば、順調に計画が進んでいるとみなします。

図45の帳票では、3～5月の立ち上がりは目標未達ですが、6月以降は1000人以上の積み上げができており、年度末の2月末段階では1万2100人に達し、目標をクリアしています。毎月、当選確実の顧客数を見ることで、客単価アップ施策などを小刻みに投入できるので、PDCAをきめ細かく推進できます。

■「マラソン帳票」について

図46も3月始まり2月終わりを年度とし、年度末で上位客の人数を1万2000人、上位客による売り上げを120億円で設定しています。したがって、1万2000人の売上合計額が、初月の3月であれば120億円÷12カ月の10億円、翌4月であればその2倍の20億円になっていれば、順調に計画が進んでいるとみなします。

図46の帳票では、3月、6月、7月、10月で目標人数未達になっていますが、他の月は達成しており、年度末には1万2500人に達して目標をクリアしています。毎月1万2000人が上位客の売上高として設定した合計額をペース通りに達成しているかどうかを見ることで、小刻みな施策を投入できるので、PDCAをきめ細かく推進できます。

ぜひ双方の帳票を作成して実践してみてください。

6-2

「ステージ2」

ステージ2は、次のような状況にいる企業です。ステージ1に加えて、
・RFMなどの顧客分類や施策を実施している
・クーポンやポイント施策などのキャンペーンは実施している

このステージの企業は、こんな課題をお持ちではないかと思います。
・各種の施策は打ってはいるが、その効果に頭打ち感が出てきている
・RFM分類に基づく施策が、本当に適切なのかどうかよく分からない
・キャンペーンをより顧客の嗜好に沿った形で展開できないか、模索している

そんな状況下であれば、顧客を経済的な価値だけでなく、嗜好性でセグメントしていきましょう。嗜好性が共通している客層をクラスタリング、セグメント化して施策の精度を

上げていきます。

STEP1：購入商品の種類、あるいはブランドで顧客をセグメント化する（10個以下のセグメントが理想）

STEP2：データマイニング（クラスター分析）を実施（ツールがなければコンサルティングファームやITベンダーに相談してみる。購入商品だけでなく、購入タイミングや季節などを入れてみてもいい。嗜好性の似た顧客の塊が10個以下できていればOK）

STEP3：情報を獲得できている顧客のすべてが、どこかの経済的価値のセグメントと嗜好性のセグメントにひも付けられている状態にする（この状態からキャンペーンマネジメントツールで条件設定、メール配信をすると、効果が格段に上がる）

購入量や最終購入日の観点だけでなく、購入商品ジャンルと購入タイミングに沿った施策を投入することで、顧客の維持・育成・獲得の効果は飛躍的に上がっていきます。

6-3

「ステージ3」

ステージ3とは、次のような状況にいる企業です。

ステージ1、2に加えて、

・購入品目などの嗜好性×経済的価値に基づいた顧客セグメントと顧客ステータスが管理されている

・顧客の移動の実態が一定レベルで可視化されている

・維持・育成・獲得に向けたアクションが取られており、一定レベルでのPDCAも推進できている

このステージの企業は、次のような課題を持っているはずです。

・「嗜好性」や「経済的価値」でセグメントを分けて施策を打っているが、顧客の離反の防止や、新規顧客の獲得の効果に頭打ち感が出ている

【図47】操作マーケティングから
真のロイヤルティーマーケティングへ発想転換

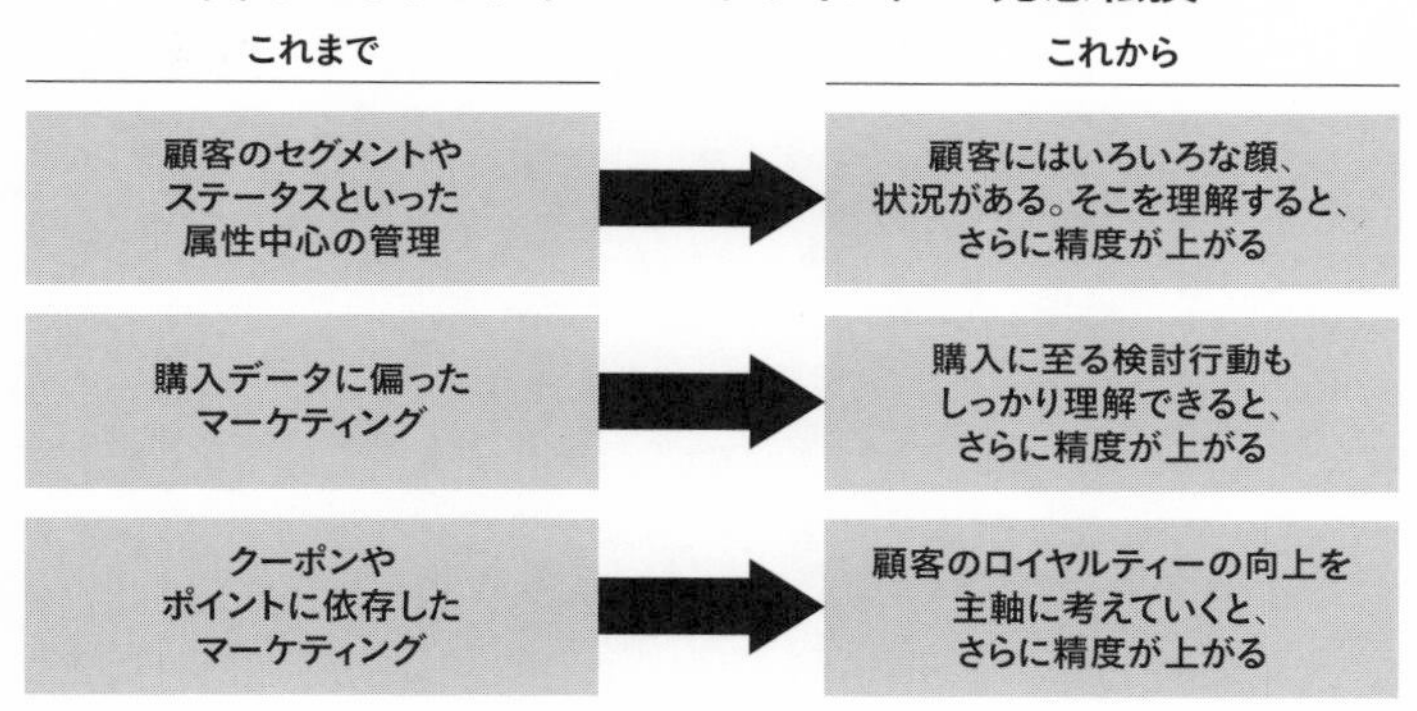

・メール、広告、SNS施策、コンタクトセンターなどで個別にKPIを設定し、追求しているが、ユーザーや顧客観点で全体最適な状態になっているかどうか、不安がある

そんな状況であれば、顧客を属性だけではなく状況から、購入行動だけではなく検討行動を、操作マーケティング一辺倒ではなくロイヤルティーマーケティングを推進し、ユーザーや顧客にベストと思われる体験を提供することで維持・育成・獲得を推進しましょう（**図47**）。このステージの企業は、3章および4章で紹介した取り組みにチャレンジしてください。

6-4 「ステージα」

ステージ4ではなく、あえてステージαとしました。顧客のLTV向上が必要なビジネスであっても、まだ顧客リストを持っていない段階における進め方になります。

ステージαとは、以下のような状況にある企業です。

・ヘビーユーザーの一部については顔や名前を理解しているが、顧客のデモグラフィック・プロフィール、購入金額、購入した商品についてはリスト化されていない

・他社のプラットフォーム（ECモールやYouTubeなど）でビジネスを展開しているので、自社に顧客データがたまっていない

・ソーシャルログインなど、他社のIDでログインする仕組みになっているため、自社に顧客データがたまっていない

ステージαでは、いろいろな業種やパターンを想定しています。

・リアル店舗を運営している企業
・顧客と直接接点を持っていないメーカーなどの企業
・自社ECではなくモール出店のため、十分な顧客情報が取れていない企業
・ログインを他社IDに依存しているため、十分な顧客情報が取れていない企業

このように、どんな顧客が何人いて、いくら使ってくれているのか分からない企業が、ステージαです。このステージにある企業には、顧客勘定PDCAサイクルの3要素を仮説で進めることをお薦めします。

・現状の可視化&基盤整備（顧客勘定の見える化）
・目標設定（顧客勘定のあるべき姿の設定）
・目標達成に向けた階段設計（あるべき姿の実現に向けたPDCAサイクル構築）

顧客勘定の見える化は、もちろん事実が見えていればベストですが、事実を把握できていない場合は仮説立案でも十分可能です。要は、可視化、言語化、形式知化することが重要です。これを実施することが、経営の統制可能範囲を飛躍的に拡大することにつながる

からです。

まず目標を設定しましょう。

・1客単価いくらの顧客を何人にするのか

・それによる目標売上高をいくらにするのか

次に、1客単価いくらの顧客が何人いて合計いくらなのか、仮説でつくってみましょう。合計いくらなのかは、実態に合わせて考えます。

ここから、仮説の仮説で、ステージ1のシナリオを構築します。これだけでも、今後何をすべきか、目標達成に向けた階段設計ができてきます。ちなみに個人商店でしたら、ある程度は常連客の顔を覚えているのではないでしょうか。常連客は全顧客の20％ほどと仮定して、常連客で売り上げの80％を占めていると考えて、仮のデシル表をつくってみてもいいです。

この仮説を構築すると同時に、見える化に向けた準備ができればベストです。例えば古典的な手法ですが、スタンプカードを導入することも有効です。過去にスタンプカードをやっていたがやめてしまったケースも多いでしょう。単なる割引手段ではなく、顧客情報を取る目的で再考してみてください。スタンプカードですぐにスタンプがたまる顧客は上位層が多いでしょう。この実態から、ステージ1でつくったデシル分析で上位客の人数や単価を修正していくのです。上位客を維持するには何をすればいいか、目標達成に向けて何をすればいいか、考えて実行しましょう。意外に数字の仮説は当たるものです。「見えないからやらない」ではなく、やってみてください。

デジタルマーケティングの展開で他社プラットフォームに依存している場合、あるいは他社IDを活用している場合は、自社ID×自社プラットフォームでの展開ができないか考えてみましょう。

直接エンドユーザーから料金を徴収していないビジネスも多いと思いますが、価値を享受している顧客が1客単価いくらで何人いるのか。これを1客単価いくらで何人にするのか。その間の階段をどのように設計して実行していくのか。ぜひ考えてみてください。目標達成の確度が格段に上がります。ぜひ取り組んでみてください。

実は私が今メインに関わっている事業はこのステージαです。一緒に頑張りましょう。

あとがき

私自身はバブル真っただ中の１９８０年代後半からマーケティングの仕事に従事してきました。その後、バブル崩壊後の90年代中盤に、今でいうところのＣＲＭと出合い、その実行手段としてのＦＳＰ（フリークエント・ショッパーズ・プログラム）構築に参画し……その頃には、顧客理解をベースとした売上高・利益の創造が、自身のライフワークになるとは思ってもいませんでした。

振り返るに、経営を学ぶうえではマーケティング以外にも、財務、労務、ＩＴ全般など重要項目はありますが、人間を探求する観点から顧客起点経営を追求することが自身のテーマになり、顧客起点経営の追求が企業業績の向上に必須であるとの確信を得ることができました。そして売り上げ&利益を向上させる定石があることをぜひ知っていただきたいと考えたのが本書を上梓した背景です。

テクノロジーの変化や生活者の成熟化によって、顧客の洞察力が高まっています。今後も、分からなかったことが分かるように、できなかったことができるようになっていくでしょう。それでも、人間の本質を理解することで快適な体験を提供する、この根本思想は変わりません。

私は2021年1月より、「QuizKnock」を運営するbaton（バトン、東京・品川）という会社でマネジメントに参画しています。20年12月より個人事業主となり、委託契約の形です。

QuizKnockは、「楽しいから始まる学び」「身の回りのモノ・コトをクイズで理解する」をコンセプトとするメディアです。メディアとしてはYouTubeでの動画配信、自社メディアにおける記事提供、「QuizKnock Games」（クイズノックゲームス）などを展開しています。

既にYouTubeのメインチャンネルの登録者数は177万人、動画再生回数は14億回を超える人気メディアです（数字は21年9月時点）。それでも、6章で触れたビジネスの状況でいえば、まだ「ステージα」の段階です。私自身、ステージαから顧客勘定PDCAサイクルを実施中の立場にあります。

マーケティングモデルとしてはB2Cがメインですので、より多くのユーザー・顧客に見ていただく・読んでいただく・遊んでいただきながら、顧客の維持・育成・獲得を手掛けています。多くのLTV追求型ビジネスと同様です。

一方、ビジネスモデルの観点では、YouTubeであればお金をいただくのは広告費を払ってくれる企業になります。したがって、集客のフックがコンテンツで、売り上げ・利益の回収エンジンが広告収入になります。自社でコンテンツを制作していますので、その意味ではD2C企業の側面もあります。


今までの多くのB2C企業は、顧客に商品を売って対価を都度支払ってもらうのが基本でした。これからの戦略フレームワークには、ビジネスモデルとプラットフォームの2つの概念を入れて考えた方がよいと思います。

ビジネスモデルは、都度課金か定額課金のサブスク型か、あるいはプリンターにおけるインクのようなリカーリングか、フリーの要素を入れるか入れないかなど、しっかり概念設計しておく必要があります。

プラットフォームについては、ビジネス展開の場が自社メディアか他社メディアか、他社メディアであれば無料メディアか有料のメディアか、といったことも考えておく必要があります。ちなみに、QuizKnockの動画コンテンツをマーケティングミックスの構成要素で考えると、商品（Product）は動画コンテンツ、価格（Price）は無料、販路（Place）はネットメディア、広告宣伝（Promotion）は自社メディア、ＳＮＳ、テレビ出演など。ビジネスモデルは広告収入、プラットフォームはＹｏｕＴｕｂｅになります。

ＱｕｉｚＫｎｏｃｋは、従来のリテーラーと何が違って何が同じなのでしょう？　上記の通りビジネスモデルやプラットフォームはだいぶ異なります。それでもＢ２Ｃ業態であり、顧客のＬＴＶを追求するモデルは一緒です。

一方、Ｂ２Ｃ企業を取り巻く環境についても考えてみましょう。今ご自身が取り組まれている事業のビジネスモデルは、今後も変化の可能性はないか？「モノからコトへ」「コトから体験へ」の潮流において、既存の提供価値を再考する必要はないか？　ターゲティング手法がマス→属性→状況へと変化する中、顧客理解や施策は今のままでよいか？　競合環境が複雑化する中、ベンチマーク企業は今のままでよいか。

皆さんにとって、ＱｕｉｚＫｎｏｃｋは競合だと思えるでしょうか？「いやいや、クイズの動画でしょう？　競合ではないよ」という反応が大半かもしれません。私は、少なくともＢ２Ｃ企業であれば、ＱｕｉｚＫｎｏｃｋの競合であると考えています。

競合の軸は、「ウォレットシェア」（財布の取り合い）から「タイムシェア」（時間の取り合い）に移っています。ＱｕｉｚＫｎｏｃｋのメインターゲットは高校生から大学生、社会人数年目の若者ですが、コロナ禍で外出機会が減っていることから、「自分磨き、内面磨きに時間をかけよう」と視聴するようになった人も少なからずいるようです。コロナ禍という事情が大きいとはいえ、衣料品や化粧品を買い求める時間やお金の使い方が変わったといえます。

何が競合なのか分かりづらい、非常に複雑な時代になっています。ですので、見聞きする話を「これは業界が違う」「自分の勤務先には関係ない」と切り捨てるのではなく、「この部分では競合する」という意識を持つこと。そして若者に人気の商品、メディア、コンテンツは、どんなマーケティングモデル、ビジネスモデルで展開されているのか、参考にしてみようと思う気持ちが非常に重要だと思います。

本章で記した通り、顧客勘定ＰＤＣＡサイクルのフレームワークは、

1．現状の可視化＆基盤整備（顧客勘定の見える化）
2．目標設定（顧客勘定のあるべき姿の設定）

3．目標達成に向けた階段設計（あるべき姿の実現に向けたＰＤＣＡサイクル構築）の３つです。

現状の可視化においては、何はさておき言語化することが重要です。顧客勘定軸で可視化、言語化することが大事な理由は、経営の統制可能範囲を飛躍的に拡大させるからです。ＱｕｉｚＫｎｏｃｋにおいても、「１客単価いくらの顧客を何人にするか」「それによる目標売上高をいくらにするか」を考え、メンバーと共有しました。さらに、仮説の仮説を立てて、ステージ１のシナリオを構築しました。これに基づいて、目標達成に向けた階段設計を進めています。

ＹｏｕＴｕｂｅ配信は、直接ユーザーからお金を徴収していないビジネスです。それでも動画を見ているユーザー・顧客が「１客単価いくらで何人いるか」「これを１客単価いくらで何人にするか」「その間の階段をどのように設計し実行していくか」を構築しています。このようにして顧客勘定ＰＤＣＡサイクルの推進に取り組んでいます。

記事コンテンツについては、自社サイトで展開していますので、ユーザーが記事を読むうえでのペインポイント、チャンスポイントを探って、小さな改善を積み重ねています。抜本的なリニューアルを実施するうえでの留意ポイントも、状況ターゲティングの考え方で進めています。6章の取り組みは一本道ではないので、できるところからどんどん進めていきましょう。

QuizKnockも含めたLTV追求型ビジネスで変わらないのは、顧客勘定PDCAサイクルのフレームワークであり、人間が顧客であるということです。一方、マーケティングモデル（4P、分析、施策立案、実行レベルの高度化など）やビジネスモデル、プラットフォーム、競合環境はそのときどきで変化していきます。既に新しいモデルが多く出ているとともに、今後もさまざまなモデルが開発されていくと思います。自社でも取り組みができないか、あらゆる可能性を否定しないで考えてみていただければと思います。

私はQuizKnockをあえて「ネオ・リテーラー」（新型小売業）と呼んでいます。これには2つの思いがあります。1つは、QuizKnockのメンバーに対するメッセージです。「顧客に最高の価値を提供し、太く長く活用していただけるように頑張り続けよう」という内容です。2つ目は、私が長く関与してきた小売業の皆さんへのメッセージです。「今のドメイン、ビジネスモデル、プラットフォームに改善、方針転換の余地はないか？QuizKnockに限らず新たなサービスにヒントがあるかもしれないのでぜひ参考にしてほしい」というものです。

世のLTV追求型ビジネスに取り組んでいる皆さんも私どもも、「温故知新」をガンガン進めていく必要があります。「温故」の1つが顧客勘定PDCAサイクルのフレームワーク。「知新」は新しいアイデアを考えて実践していくことです。私自身も新たな挑戦の場に再び立っています。皆さんと一緒に、ビジネスを通じて素敵な世の中をつくっていきたいと考えております。

本書の執筆に当たり、たくさんの方にご協力いただきました。オイシックス・ラ・大地の奥谷孝司さん、富士フイルム（取材当時）一色昭典さん、ビジョナリーホールディングス川添隆さん、CaTラボ逸見光次郎さん、お忙しい中、快く取材に応じていただきありがとうございました。ビービット藤井保文さん、今、私と一緒に奮闘してくれているQuizKnock伊沢拓司さん、帯へのコメントをいただきありがとうございました。過去、一緒に仕事をさせていただいたビービット カスタマーサクセスチームの皆さん、タワーレコード 旧オンライン事業本部の皆さん、数多くのインプットをいただきましたこと、心より御礼申し上げます。そして現在、一緒に仕事をさせていただいており、本書執筆においてさまざまな助言をくださったbatonの衣川洋佑社長、マーケティング部他batonの皆さん、深く感謝しております。本書をまとめるうえでは、その他多くの方々にも大変お世話になりました。本当にありがとうございました。

「情報は発信する人に集まる」「皆さんから色々学びたい」……そんな思いもあり、本書を執筆しました。私の意見、経験のみならず、私が大切にしてきた言葉の引用、また私が出会った方々、言葉なども引用させていただきました。これからもさまざまな方々との出会いに支えられていくことは間違いございません。さまざまな方々と切磋琢磨する中で、顧客勘定PDCAサイクルをさらに昇華させていくことができればと思います。本書をお読みいただいた方に心より御礼申し上げます。

2021年9月

前田 徹哉

参考図書

垣内勇威『デジタルマーケティングの定石　なぜマーケターは「成果の出ない施策」を繰り返すのか？』日本実業出版社　2020年

鈴木康弘『アマゾンエフェクト！「究極の顧客戦略」に日本企業はどう立ち向かうか』プレジデント社　2018年

逸見光次郎『デジタル時代の基礎知識「マーケティング」「顧客ファースト」の時代を生き抜く新しいルール』翔泳社　2017年

ジェームス・L・ヘスケット、W・アール・サッサー・JR、レオナード・A・シュレシンジャー『カスタマー・ロイヤルティの経営　企業利益を高めるCS戦略』日本経済新聞出版　1998年

ジェフリー・ムーア『キャズム　ハイテクをブレイクさせる「超」マーケティング理論』翔泳社　2002年

フレッド・ライクヘルド、ロブ・マーキー『ネット・プロモーター経営　〈顧客ロイヤルティ指標NPS〉で「利益ある成長」を実現する』プレジデント社　2013年

ドン・ペパーズ、マーサ・ロジャーズ『ONE to ONEマーケティング　顧客リレーションシップ戦略』ダイヤモンド社　1995年

ブラリアン・ハリガン、ダーメッシュ・シャア『インバウンド マーケティング　見込客を引き寄せ、永久顧客にする次世代のマーケティング戦略』すばる舎リンケージ　2011年

フィリップ・コトラー、ニール・コトラー『ミュージアム・マーケティング』第一法規　2006年

西内啓『統計学が最強の学問である』　ダイヤモンド社　２０１３年
奥谷孝司、岩井琢磨『世界最先端のマーケティング　顧客とつながる企業のチャネルシフト戦略』
日経ＢＰ　２０１８年
武田隆『ソーシャルメディア進化論』　ダイヤモンド社　２０１１年
角井亮一『オムニチャネル戦略』　日経文庫　２０１５年
マシュー・ディクソン、ニコラス・トーマン、リック・デリシ／神田昌典『おもてなし幻想　デジタル時代の顧客
満足と収益の関係』　実業之日本社　２０１８年
遠藤直紀、武井由紀子『売上につながる「顧客ロイヤルティ戦略」入門』　日本実業出版社　２０１５年
宮坂祐『顧客を観よ　金融デジタルマーケティングの新標準』　金融財政事情研究会　２０１６年
武井則夫『選ばれる理由』　現代書林　２０１３年
藤井保文、尾原和啓『アフターデジタル　オフラインのない時代に生き残る』　日経ＢＰ　２０１９年
藤井保文『アフターデジタル２　ＵＸと自由』　日経ＢＰ　２０２０年
クレイトン・M・クリステンセン『ジョブ理論　イノベーションを予測可能にする消費のメカニズム』
ハーパーコリンズ・ジャパン　２０１７年
朝倉祐介『ファイナンス思考　日本企業を蝕む病と、再生の戦略論』　ダイヤモンド社　２０１８年
井上大輔『マーケターのように生きろ　「あなたが必要だ」と言われ続ける人の思考と行動』
東洋経済新報社　２０２１年

佐藤尚之『ファンベース　支持され、愛され、長く売れ続けるために』ちくま新書　2018年
川添隆『「実店舗＋EC」戦略、成功の法則　ECエバンジェリストが7人のプロに聞く』翔泳社　2018年
クリス・アンダーソン『フリー　〈無料〉からお金を生みだす新戦略』NHK出版　2009年
ティエン・ツォ、ゲイブ・ワイザート『サブスクリプション　「顧客の成功」が収益を生む新時代のビジネスモデル』ダイヤモンド社　2018年
P.F.ドラッカー『マネジメント【エッセンシャル版】　基本と原則』ダイヤモンド社　2001年
QuizKnock『東大発の知識集団QuizKnock　オフィシャルブック』クラーケン　2018年
江端浩人『マーケティング視点のDX』日経BP　2020年
西口一希『たった一人の分析から事業は成長する　実践　顧客起点マーケティング』翔泳社　2019年
足立光、西口一希『アフターコロナのマーケティング戦略　最重要ポイント40』ダイヤモンド社　2020年
森岡毅『USJのジェットコースターはなぜ後ろ向きに走ったのか？』角川書店　2014年
森岡毅『USJを劇的に変えた、たった1つの考え方　成功を引き寄せるマーケティング入門』角川書店　2016年
森岡毅『誰もが人を動かせる！　あなたの人生を変えるリーダーシップ革命』日経BP　2020年
野口竜司『管理職はいらない　AI時代のシン・キャリア』SB新書　2021年
鹿毛康司『「心」が分かるとモノが売れる』日経BP　2021年

前田徹哉（まえだ・てつや）
慶應義塾大学文学部（社会学専攻）卒業後、西武百貨店（現そごう・西武）入社。その後プライスウォーターハウスコンサルタント（現日本IBM）にて小売業や製造業のマーケティング戦略立案や顧客情報活用支援に向けた業務設計、IT要件定義などのコンサルティングに従事した後、スクウェア・エニックス入社。学習研究社との合弁企業であるSGラボにて代表取締役社長を務めた後、スクウェア・エニックスのオンライン事業部長としてECやコミュニティーの統括に従事。2011年10月にタワーレコード入社。オンライン事業本部 本部長としてタワーレコード オンラインショップの統括の任に従事。19年4月にビービット入社。SaaSセールス シニアマネージャーとして「USERGRAM」の営業を担当。21年1月より、QuizKnock（クイズノック）を統括するbaton（バトン）でマーケティング部部長を務める。中小企業診断士。

売り上げを倍増させる
“顧客勘定”マーケティング
“赤字顧客”を黒字に変える実践手法

2021年10月18日　第1版第1刷発行

著　者　前田徹哉
発行者　杉本昭彦
発　行　日経BP
発　売　日経BPマーケティング
〒105-8308　東京都港区虎ノ門4-3-12
https://www.nikkeibp.co.jp/books/
編　集　小林直樹（日経クロストレンド）
装　丁　小口翔平＋加瀬　梓（tobufune）
制　作　關根和彦（QuomodoDESIGN）
印刷・製本　大日本印刷株式会社

ISBN 978-4-296-11083-4
Printed in Japan